옥탑방의 문제아들

옥탑방에서 펼쳐지는 본격 지식 토크쇼

KBS <옥탑방의 문제아들> 제작팀 지음

프롤로그

교과서에서 배울 수 없는
신묘한 문제들을 가득 담았습니다

상식이라곤 하나도 없을 것 같은 '상식 문제아들'이 모여, 옥탑방에 갇힌 채 문제를 풀어야 한다면?
10문제를 모두 풀어야만 퇴근할 수 있는 옥탑방에서 이들은 과연 탈출할 수 있을까?

<옥탑방의 문제아들>은 이런 단순한 궁금증에서 출발한 지식토크쇼로 김용만, 송은이, 김숙, 정형돈, 민경훈이 머리를 맞대고 문제를 풀기 위해 고군분투하는 모습을 담은 프로그램입니다.

'대한민국 평균에서 조금은 떨어지는 상식 레벨을 가진 5명의 문제아들이 과연 답을 찾을 수 있을까?'라는 우려와 달리 프로그램은 어느덧 햇수로 5년을 넘기며 순항 중입니다. 명문대생 한 명 없는 이 프로그램이 장수한 이유는 무엇일까요?

우리는 그 이유를 '집단 지성의 힘'이라고 생각합니다. 상식이 조금 떨어지더라도 서로 머리를 맞대고 얕은(?) 지식을 나누다 보면 놀랍게도 정답을 찾아내게 되니까요. 우리는 프로그램을 할수록 5명의 지식을 합치면 이 세상에 풀지 못할 문제가 없다는 놀라운 사실을 알게 되었습니다.

집단 지성의 힘이 이처럼 빛을 발할 수 있었던 것은 출제되는 문제의 기준이 얼마나 똑똑하냐에 있는 것이 아니라, 얼마나 새롭고 놀라운가에 있기 때문입니다. <옥탑방의 문제아들>에 나오는 문제는 의외의 것이 많습니다. 주로 세상을 살면서 꼭 알아야 하는 문제보다는 몰라도 세상을 살아가는 데 아무 문제가 없을 법한 문제들이 나오죠. 하지만 이러한 문제를 알고 있으면, 단언컨대 재미있는 사람이 될 수 있습니다. 예를 들면, '할리우드 스타 아놀드 슈왈제네거가 지방에 대해 내린 정의'나 '임금을 속여도 벌을 받지 않았던 조선시대 만우절'에 대한 문제 등이 그렇습니다. 한 번이라도 <옥탑방의 문제아들>의 문제를 풀어본 사람이라면 누구를 만나든 대화의 범위가 넓어지는 경험을 하게 될 것입니다.

어린이들은 대부분 새로운 것을 알아갈 때, 딱딱하고 재미없는 방식으로 배우는 것을 아주 싫어합니다. 발전하는 미디어 속의 다양한 플랫폼으로 수많은 정보와 지식이 쏟아지는 요즘, <옥탑방의 문제아들>

은 세상의 흥미진진한 상식과 뉴스들을 부담 없는 방식으로 전달하고 있습니다. 학교 수업이나 교과서로는 결코 배울 수 없는 기상천외하고 흥미진진한 상식문제들은 어린이들의 호기심을 충족시킴과 동시에 세상을 보는 눈을 넓혀줄 것입니다. 또한, 정답을 찾아가는 과정을 통해 추리력과 상상력을 길러줄 것입니다.

제작진은 문제를 낼 때 '이건 절대 모를 거야' 하고 의기양양하기도 하고, '이렇게 어려운 문제를 냈다가 밤새 못 맞히면 어떡하지' 하고 걱정하기도 합니다. 하지만 5명의 문제아들이 추리하는 과정을 보다 보면 기가 막힐 정도로 깜짝 놀랄 때가 많습니다. 서로 이야기를 나누다 정답에 점점 근접하더니 결국 맞히고야 마는 모습을 볼 때면 소름이 끼칠 정도라니까요. 이 책을 읽는 여러분도 저희와 같은 경험을 할 수 있길 바랍니다.

상식, 경제, 역사, 과학, 인물, 심리, 동물, 건강 그리고 글로벌한 트렌드까지! 문제를 읽고 상상력을 발휘해 친구들과 함께 추리하다 보면 자신도 모르게 '상식의 선'이 넓어지는 경험을 하게 될 것입니다. 의외로 알아두면 쓸모 있고 재미있는 알짜배기 상식이 가득한 이 책으로 모두가 상식 부자가 되길 바랍니다. 그럼, 지금부터 문제를 시작해볼까요?

KBS <옥탑방의 문제아들> 제작팀

목차

프롤로그
교과서에서 배울 수 없는
신묘한 문제들을 가득 담았습니다   4

1장. 상식

01. N서울타워의 조명 색깔 파랑, 초록, 빨강은 무엇을 의미할까?   14
02. 인류의 평균수명을 20년이나 늘린 세기의 발명품은?   18
03. 인간들은 모르는 채소가 스트레스를 받을 때 하는 행동은?   22
04. 상어를 물리치는 해군의 넥타이 사용법은?   26
05. 의사 수술복은 왜 흰색이 아니라 초록색일까?   29
06. 태국에서 음주 운전자에게 내리는 무시무시한 벌은?   33
07. 비행기에서 기장과 부기장이 식사 시간에 꼭 지켜야 할 규칙은?   37

2장. 경제

01. 백만장자들이 가진 의외의 공통점은? — 42
02. 최고의 투자가 워런 버핏이 인생에서 가장 후회하는 일은? — 46
03. 미국에서 가장 돈 되는 말 1위로 꼽힌 것은? — 51
04. 넷플릭스 창업자가 아버지에게 물려받은 첫 번째 성공 지침은? — 55
05. 백만장자들이 공유하는 부자 되는 방법 중 최후의 비밀은? — 60
06. 주식의 신 앙드레 코스톨라니가 주식을 산 사람들에게 남긴 명언은? — 63

3장. 역사

01. 임금을 속여도 벌을 받지 않았던 조선시대 만우절은? — 68
02. 윤봉길 의사와 김구 선생이 서로 시계를 맞바꾼 까닭은? — 72
03. 전화 인사말 Hello를 처음 사용하자고 제안한 사람은? — 78
04. 조선시대 임금과 겸상을 하며 초특급 대우를 받은 존재는? — 82
05. 구곡교라는 이름의 다리가 아홉 번이나 꺾어진 충격적인 이유는? — 86
06. 밸런타인데이로 알려진 2월 14일은 사실 아픈 역사의 날이다? — 90
07. 조선총독부 건물 철거 시, 대통령이 했던 폭탄 발언은? — 95

4장. 과학

01. 제네바 선언에 명시된 인간의 생명이 시작된 순간은 언제부터일까?　102
02. "주차 어디에 했더라?" 주차장에서 내 차를 한번에 찾는 방법은?　106
03. 스마트폰을 전자파 폭탄으로 만드는 '이곳'은 어디일까?　110
04. 전 세계 어딜 가나 동일한 병뚜껑의 숨은 비밀은 무엇일까?　113
05. GPS 신호를 차단해 위치추적을 피하는 가장 쉬운 방법은?　117
06. 케이크를 가장 과학적으로 잘라먹는 방법은 무엇일까?　121
07. SNS 챌린지 열풍을 일으킨 이 포즈에 숨겨진 인체의 비밀은?　125
08. 캠핑에서 불쏘시개가 없을 때 대신 사용이 가능한 '이것'은?　129

5장. 인물

01. 모차르트와 히틀러의 숨겨진 공통점은?　134
02. 트럼프 대통령 집무실에 있던 빨간 버튼의 비밀은?　139
03. 레오나르도 다빈치는 사실 '이것'을 앓는 환자였다?　142
04. 아놀드 슈왈제네거가 지방에 대해 내린 정의는 무엇일까?　146
05. 천재 물리학자 스티븐 호킹이 생각하는 자신의 가장 큰 업적은?　150
06. 괴짜 천재 일론 머스크가 두려움을 극복하려고 한 도전은?　154
07. 사람들이 빌 게이츠를 '컴맹 유튜버'라고 부르는 까닭은?　158
08. 워런 버핏과 잭 웰치 회장의 공통적인 습관은?　162

6장. 심리

01. "엘리베이터가 느리다"는 사람들의 불만을 잠재운 아이디어는?   168
02. 기억력을 단기간에 상승시키는 방법은 무엇일까?   173
03. 세상을 떠들썩하게 만든 연쇄살인범들의 공통점은?   177
04. 아프리카 부족이 우울증에 걸린 사람에게 하는 질문은?   180
05. 상위 1퍼센트 유명인들의 슬럼프 극복 비결인 '이 습관'은?   184

7장. 동물

01. 150년 동안 미스터리로 남아 있던 얼룩말 줄무늬의 비밀은?   190
02. 겨울잠에서 깬 곰이 2박 3일간 울부짖으며 고통스러워하는 이유는?   194
03. 스위스 동물보호법에 따르면 바닷가재를 '이렇게' 요리하면 안 된다?   199
04. 하루살이가 하루밖에 못 사는 이유는 무엇일까?   203
05. 소에게 '이렇게' 하면 맹수의 공격을 피할 수 있다?   206
06. 우리가 몰랐던 부엉이의 신체 비밀은 무엇일까?   210
07. 경악! 뿔 도마뱀이 위기상황에서 취하는 최후의 생존법은?   214

8장. 트렌드

01. 네덜란드에는 사람들이 피하는 버스정류장 의자가 있다. 그 이유는? 220
02. 아이폰 탄생의 비밀은 스티브 잡스의 '이것' 공포증 때문이다? 224
03. 창의적으로 일하는 사람일수록 '이것'을 많이 한다? 229
04. 행복한 나라로 꼽히는 덴마크에서 부모가 자식에게 절대 묻지 않는 것은? 233
05. '이때' 약을 사면 약값이 평소보다 비싸진다? 236
06. 교황청에서 공식 승인한, 신부들의 '이 활동'은 무엇일까? 240
07. 한번 사면 반드시 읽을 수밖에 없게 만들어진 책이 있다? 244

9장. 건강

01. 제2의 흡연이라고 불릴 만큼 건강에 해로운 '이 행동'은? 248
02. 급성 뇌졸중 환자 80퍼센트가 공통적으로 지닌 신체적 특징은? 252
03. 아무리 높은 계단도 '이렇게' 하면 쉽게 오를 수 있다? 256
04. 머리를 감을 때 하는 '이 행동', 알고 보면 아주 위험하다? 260
05. 폐암 가능성을 예측할 수 있는 가장 간단한 방법은? 263
06. 코골이를 줄이려면 하루에 '이것'을 10번씩 해라? 267
07. 운동 효과를 획기적으로 높여주는 똑똑한 걷기 운동법은 무엇일까? 272
08. 죽음을 앞둔 환자들이 머무는 임종실에는 특별한 것이 준비되어 있다? 276

1장.
상식

01.

상식

★N서울타워의 조명 색깔
파랑, 초록, 빨강은 무엇을 의미할까?

서울의 중심에 자리한 남산, 그리고 그 위에 우뚝 서 있는 N서울타워는 도심 어디에서든 볼 수 있는 랜드마크입니다. 케이블카를 타고 전망대에 올라가거나 연인과 사랑의 자물쇠를 채울 수 있는, 서울의 인기 관광지로 손꼽히고 있지요. N서울타워는 오후 6시부터 자정까지 색색의 조명을 켜서 도심을 밝혀주는데요. 이 조명은 '이것'에 따라 파랑, 초록, 노랑, 빨강으로 바뀐다고 합니다. 이것은 무엇일까요?

N서울타워는 높은 산 위에 서 있는 만큼 서울 곳곳에서 볼 수 있어요. 서울시에서는 이런 N서울타워가 가진 장점을 활용해서 해가 진 후 조명으로 초미세먼지 농도를 표시한다고 합니다. 서울 어디에서나 볼 수 있는 만큼 시민들이 대기오염 정보를 쉽고 빠르게 알 수 있을 것 같은데요. 초미세먼지 농도가 좋을 때는 파란색, 보통일 때는 초록색, 나쁠 때는 노란색 조명이 켜진답니다. 그런데 빨간색 조명이 켜질 때는 각별히 조심해야 합니다. 빨간색 조명은 시간당 초미세먼지 농도가 2시간 넘게 120㎍/㎥ 이상일 때 켜지기 때문이지요. ㎍/㎥는 가로, 세

로, 높이가 모두 1m인 정육면체에 공기를 가득 담았을 때 초미세먼지가 얼마나 포함되었는지 측정한 값이에요. 그러니 노란색, 빨간색 조명이 켜졌을 때는 KF80 이상의 황사마스크를 껴서 초미세먼지에 대비하는 게 필요하겠지요.

그렇다면 N서울타워는 왜 조명색으로 초미세먼지 농도를 알려주는 것일까요? 초미세먼지는 지름 2.5㎛(마이크로미터) 미만의 먼지 입자를 말합니다. 지름이 10㎛인 미세먼지보다도 훨씬 작은 먼지인데요. 사람의 머리카락 지름이 50~70㎛이라고 하니 초미세먼지가 얼마나 작은지 알 수 있겠죠? 입자가 아주 작은 만큼 초미세먼지는 호흡기에 더 깊숙이 침투하고 혈관에도 흡수되어서 여러 질환을 일으킬 수 있어요. 게다가 자동차 배기가스에서 주로 발생하기 때문에 건강에 무척 해로운 물질로 이루어져 있답니다. 미세먼지와 초미세먼지는 원래 날씨가 따뜻해지는 봄철에 자주 찾아오는 불청객이었지만, 이제 계절을 가리지 않고 우리의 건강을 위협하고 있어요. 그래서 N서울타워는 시민들의 건강과 안전을 지키기 위해 2011년부터 조명 색깔을 통해 미세먼지 오염도를 알리기 시작했고, 2015년부터는 초미세먼지 농도를 알려주는 것으로 바꾸었다고 합니다.

N서울타워는 오랜 시간 동안 서울의 중심부를 지키는 대표적인 상징물로 자리매김했는데요. 덕분에 N서울타워에서 찍은 사진은 너나

할 것 없이 한 장씩 가지고 있을 정도지요. 케이블카를 타고 남산 꼭대기까지 높이 높이 올라가며 눈을 질끈 감았던 기억이 떠오르기도 할 거예요. 우리나라 사람뿐만 아니라 외국인에게도 신나는 관광 명소가 되어준 N서울타워가 이제 시민들의 건강을 책임지는 '신호등' 역할도 하고 나섰네요. 미세먼지 농도가 나쁠 땐 빨간 조명을 켜서 외출하지 말 것을 알리고, 좋을 땐 파란 조명을 켜서 밖으로 나와도 된다고 알려주니까요. 미세먼지로 하늘이 뒤덮이면 마음도 우중충해지지만, 밤하늘을 밝히는 N서울타워를 바라보며 대기오염에도 대비하고 기분 전환도 해보면 어떨까요?

정답) 초미세먼지 농도

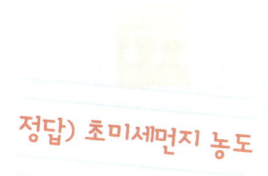

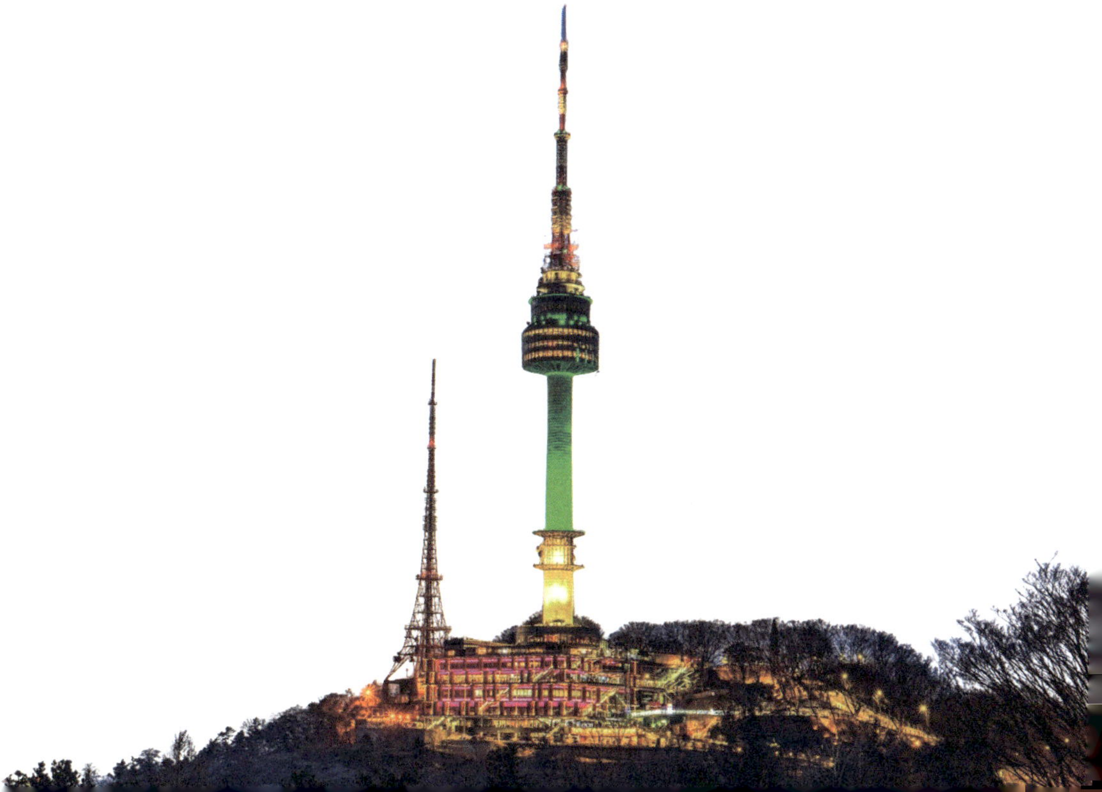

상식

02.

인류의 평균수명을 20년이나 늘린 세기의 발명품은?

21세기의 인류는 '백세시대'를 맞이했다고 합니다. 의료기술이 발전하고 경제적으로 풍요로워진 덕분에 인간의 수명이 100세까지 연장되었기 때문인데요. 그런데 사람의 수명이 100년에 가까워진 건 그리 오래된 일이 아니라는 것, 알고 있나요? 1700년대 이전까지의 유럽 사람들은 전염병과 피부병으로 평균 40년도 채 살지 못하고 죽음을 맞이했다고 합니다. 그렇지만 1790년 프랑스의 화학자 '니콜라스 르블랑'이 '이것'을 발명한 이후로 갖가지 질병이 조금씩 사라지고 평균수명이 약 20년가량 연장되어 인구도 증가하였다고 하는데요. 인류 역사상 가장 많은 사람을 살려냈다고 평가받는 이것은 무엇일까요?

인류는 문명이 시작된 초기부터 비누를 사용했다고 합니다. 서양에서는 메소포타미아의 수메르인들이 산양 기름과 나무의 재를 함께 끓여서 비누를 처음 만들어 사용했습니다. 고대 이집트에서는 재와 기름을 섞어 손 씻는 약품을 만들어 썼고, 아시아지역의 유목민들은 염소의 지방과 나무의 재를 혼합해 사용했지요. 최초의 비누는 주로 동식물의 지방과 목재를 태워 얻은 재를 이용해 만든 형태였습니다. 우리 조상님들은 녹두 가루, 쌀겨, 쌀뜨물, 잿물 등으로 세안제를 만들어 사용한 것으로 알려져 있습니다.

그렇지만, 일반 서민들도 비누를 사용할 수 있게 된 것은 불과 200년밖에 되지 않은 일입니다. 비누의 재료가 무척 귀한 것들이다 보니 가격이 무척 비쌌기 때문이지요. 또, 지금과는 달리 사람들의 위생 관념이 철저하지 않았기 때문이기도 했습니다. 약 1천 년 전 유럽인들은 몸을 씻지 않는 것을 성스러운 것으로 여겼습니다. 그렇다 보니 사람들의 악취가 나날이 심해졌고 불결한 위생 상태 때문에 이질, 티푸스 같은 전염병과 피부병이 퍼져나갔습니다. 14세기에 시작된 흑사병이 18세기까지 이어지면서 유럽 전역의 인구가 3분의 1로 줄어들 정도였습니다.

이러한 유럽의 환경이 크게 변화하게 된 것은 니콜라스 르블랑 덕분이었습니다. 그는 프랑스 파리에서 화학과 의학을 공부한 화학자이

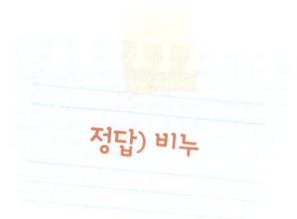

자 의사였습니다. 어느 귀족의 주치의로 일하던 중, 새로운 소다 제조법을 개발하는 공모전이 열린 것을 알게 되었습니다. 그는 공모전에 응모해 바닷물의 소금에서 소다를 분리하는 기술을 발명하게 되었습니다. 이 기술은 특허를 받았고, 한 귀족의 도움으로 비누를 대량으로 생산할 수 있는 공장을 짓게 되었습니다. 그전까지는 가정집에서 소규모로 생산되던 비누가 대규모 기계를 갖춘 공장에서 대량 생산되기 시작한 것이지요. 그러면서 비누는 전 세계에 보급되기 시작했습니다.

비누의 가격이 저렴해지고 어디서든 어렵지 않게 구할 수 있게 되자, 사람들은 규칙적으로 몸을 씻고 옷도 깨끗이 빨아 입기 시작했습니다. 비누가 인류의 위생 상태를 개선하는 데 큰 도움을 준 것이지요. 위생 상태가 좋아지자 질병도 예방되었습니다. 특히, 아기가 태어날 때 세균에 감염되는 일이 획기적으로 줄어들면서 인구가 증가하기 시작했습니다. 18세기 후반, 인구 증가는 영국에서 산업 혁명이 일어나는 원동력이 되었습니다. 지금은 어디서나 쉽고 저렴하게 구할 수 있는, 주먹만

한 크기의 사소한 물건에 불과한 비누. 하지만 알고 보니 비누가 우리의 위생 상태를 전보다 좋게 해주어 인류의 평균수명을 늘린 일등 공신이었군요.

상식

03.

인간들은 모르는,
채소가 스트레스를 받을 때 하는 행동은?

노릇하게 구워낸 삼겹살을 쌈 채소와 함께 크게 쌈을 싸 입 안 가득 넣는 장면은 상상만 해도 군침이 도는데요. 사람들이 채소를 먹는 동안 우리의 입은 즐겁지만, 채소들은 스트레스를 받아 '이러한 행동'을 한다고 합니다. 그동안 그 누구도 알아채지 못했던, 채소가 스트레스를 받을 때 하는 이 행동은 무엇일까요?

우리의 식탁에는 종종 채소가 곁들여진 음식이 올라오지요. 밥반찬으로, 샌드위치나 햄버거의 재료로, 고기의 풍미를 높여주는 곁들임 재료로 채소를 즐겨 먹습니다. 그만큼 채소는 우리 식탁에서 빠질 수 없는 중요한 음식 재료인데요. 그런데 이스라엘의 텔아비브 대학(Tel Aviv University)의 연구팀에서 채소와 관련된 충격적인 사실을 밝혀냈다고 합니다. 바로, 채소가 스트레스를 받는 환경에서 비명을 지른다는 것이에요. 마치 채소가 사람의 입속에서 잘게 씹히는 동안 그 고통을 고스란히 느끼고 있는 것처럼 말이지요.

연구팀은 실험을 위해 토마토와 담뱃잎을 세 그룹으로 나누었습니다. 첫 번째 그룹은 흙을 건조하게 만들어 가뭄 상태로 두었습니다. 기후변화와 인구 증가로 많은 지역에서 가뭄이 드는 현실과 비슷한 환경을 만든 것이지요. 두 번째 그룹은 일부러 가지를 부러뜨렸습니다. 사람도 신체 일부가 다치거나 부러지면 비명을 지르는 것처럼 식물들도 물리적인 손상을 입으면 비슷한 변화를 보이는지 알아보기 위해서였어요. 세 번째 그룹은 첫 번째, 두 번째 그룹의 실험 결과와 비교해보기 위해 아무런 변화도 주지 않았습니다. 세 그룹으로 나뉜 토마토와 담뱃잎이 성장하는 동안 10센티미터 정도 떨어진 곳에 마이크와 초음파 측정기를 설치해 채소에서 나는 소리를 관찰하였습니다.

실험 결과는 놀라웠어요. 놀랍게도 가뭄 상태에서 자란 첫 번째 그룹과 가지가 부러진 두 번째 그룹이 20~100kHz(킬로헤르츠)의 소리를 낸 것이 관찰되었거든요. 즉, 건조한 환경에 놓여 있거나 사람이나 곤충에 의해 몸이 뜯겨나가는 순간 식물이 소리를 지른 것입니다. 사람이 들을 수 있는 소리는 20Hz(헤르츠)에서 20kHz까지이기 때문에, 사람들은 식물이 내는 소리를 직접 들을 수 없었던 것이었어요. 하지만 식물로부터 3~5m 안에 있는 동물과 곤충들은 이 소리를 들을 수 있다고

합니다. 따라서 식물이 비명을 지르면 주변의 동물과 곤충들에게 영향을 주게 된답니다. 그래서 나방 같은 곤충은 특정한 소리를 내는 식물의 주변에는 알을 낳지 않는다고 해요.

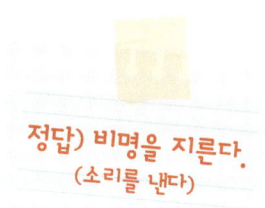

그동안 우리는 모든 식물이 어떤 상황에서도 침묵한다고 생각해왔습니다. 지구 온난화로 가뭄이 지속되어 식물들이 비실비실 말라가도, 길가에 핀 꽃이나 나뭇가지를 함부로 꺾어도, 식물은 그저 묵묵히 운명을 받아들이고 있는 줄만 알았던 것이죠. 그렇지만 인간이 듣지 못했을 뿐, 식물도 스트레스를 받을 때 소리를 지르고 있었습니다. 어쩌면 식물은 우리에게 항상 말해왔을지 모르겠습니다. "우리를 고통스럽게 하지 말아 달라!"고 말입니다.

상식

04.

상어를 물리치는 해군의 넥타이 사용법은?

세상에 존재하는 많은 직업 중에는 그 직업을 대표하는 유니폼을 입어야 하는 것들이 있습니다. 대표적으로 소방관들이 입는 소방복, 간호사들이 입는 간호복, 의사들이 입는 의사 가운 같은 것들이 있지요. 이 유니폼은 그 직업을 가진 사람을 구분할 수 있게 하는 동시에 일할 때 필요한 기능을 지원해주기도 해요. 해군의 군복 '마린복'도 그러한 기능성 웨어의 원조격이라고 하는데요. 특히, '넥타이'는 혹시 모를 상어의 위협에 대비해 '이렇게' 활용할 수 있다고 합니다. 과연 해군은 물에 빠졌을 때 상어를 만나면 넥타이를 어떻게 사용할까요?

우리나라를 지켜주는 군인들의 멋진 모습은 TV를 통해 자주 만나 볼 수 있습니다. 특히, 각 잡힌 군복은 군인들의 늠름함을 더욱 돋보이게 해주는데요. 군복의 디자인과 색깔만 보고도 육군, 해군, 공군이 구분될 만큼 군복마다 서로 다른 특징을 가지고 있어요. 육지를 지키는 육군은 진녹색, 고동색의 얼룩무늬가 섞인 군복을 입습니다. 육지에서 훈련과 전투를 해야 하니 흙이나 수풀과 비슷한 색으로 만들어 눈에 잘 띄지 않도록 한 것이지요. 공군은 비행 시 상의와 하의가 하나로 연결되는 조종복을 입어서 추위와 바람을 막지요.

　그렇다면, 바다를 지키는 해군은 어떨까요? '마린복'이라고 부르는 해군복은 둥그런 빵모자를 쓰고 나팔바지를 입는 것이 특징입니다. 이러한 해군 장병의 복장은 우리나라뿐만 아니라 전 세계 어디에서도 비슷하다고 합니다. 그 이유는 해군 군복에 특별한 기능이 숨어 있기 때문이라고 하는데요. 우선, 해군의 상징인 '흰색 빵모자'는 배에 물이 들어오는 비상 상황이 발생하면, 모자를 벗어 바닷물을 퍼내는 용도로 쓰인다고 합니다. 또, 배에 물이 부족할 경우 빗물을 받는 용도로도 사용할 수 있다고 하는군요. 해군복의 바지는 아랫단이 넓게 펴지는 일명 나팔바지 형태를 하고 있는데요. 그 이유는 갑판을 청소하거나 배를 육지로 끌어올리는 작업을 할 때 바지를 쉽게 걷어 올려 물에 젖지 않도록 하기 위함이라고 합니다. 또한, 바다 위에서 수영할 때 나팔바지가 오리발 역할을 해주기 때문에 수영을 더욱 잘할 수 있게 된다고 합니다.

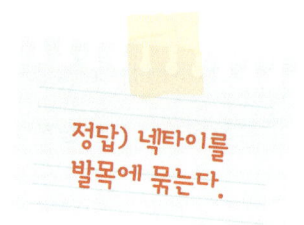

정답) 넥타이를 발목에 묶는다.

그렇지만 해군복의 트레이드마크는 따로 있는데요. 바로 타이를 매는 것입니다. 이 타이는 군복에 멋스러움을 더하기도 하지만 그보다 더 중요한 기능이 숨어 있습니다. 바로 물에 빠졌을 경우 상어의 공격으로부터 해군을 보호해 주는 수단이 되는 것이지요. 상어는 자신보다 몸이 더 긴 상대는 공격하지 않는 습성을 가지고 있어요. 그래서 물에 빠졌을 때 곧장 타이를 풀어 발목에 묶으면 상어보다 몸길이가 길어 보이는 효과가 있어, 상어에게 위압감을 주게 되는 것이지요. 이 밖에도 타이는 사람이 물에 빠졌을 경우 구조 도구로도 활용할 수 있다고 하는데요. 해군은 육지에서 멀리 떨어진 바다에서 오랫동안 생활해야 하는 만큼 군복도 최고의 활용도를 갖추고 있는 것 같네요. 멋진 디자인뿐만 아니라 최고의 실용성까지 겸했으니 전 세계의 해군들이 '마린복'에 자부심을 느낄 만합니다.

05.

의사 수술복은 왜 흰색이 아니라 초록색일까?

여러분은 병원하면 무엇이 떠오르나요? 가장 먼저 떠오르는 것은 환자를 맞아주는 의사가 입은 흰색 가운이 아닐까 합니다. 티끌 한 점 없는 깨끗한 가운을 보고 있으면 왠지 아픈 곳도 금방 나을 것 같은 기분이 들어요. 그런데 의사들은 수술실에 들어갈 때 흰색 가운을 벗고 초록색 수술복으로 갈아입습니다. 쉴 새 없이 하루가 바쁘게 돌아가는 병원에서 **수술할 때 흰색 가운이 아닌 초록색 수술복을 입는 이유**는 무엇일까요?

의사들이 환자를 진료할 때 입는 가운의 색깔이 처음부터 흰색이었던 것은 아니었어요. 중세시대에는 성직자가 의사 역할도 했기 때문에, 성직자들의 복장인 검은색 가운을 입고 환자를 돌보았다고 해요. 사람들은 검정 가운에 환자의 피와 고름이 많이 묻어 있을수록 경험이 많은 의사라고 생각해 치료가 잘될 거라고 믿기까지 했다는데요. 지금의 관점에서는 비위생적이라고 여길지 모르지만, 중세에는 검은색이 '지식'을 의미하는 색이었다고 하니 당시 사람들은 검은색 가운을 입은 성직자를 더욱 신뢰했을 것 같아요.

18세기에 산업 혁명이 일어나면서 과학이 발전하기 시작합니다. 의학도 과학의 영역에 들어가게 되면서, 종교적인 행위에서 벗어나게 되었죠. 그래서 의사들은 검정 가운을 벗고, 과학자들이 실험실에서 입는 흰색 가운을 입기 시작했어요. 20세기 중반에 이르러서는 드디어 의사들이 흰색 가운을 입는 것이 일반적인 모습으로 받아들여졌다고 해요. 깨끗한 흰색 가운에 이물질이 묻으면 쉽게 눈에 띄기 때문에, 세균을 통한 감염을 예방할 수 있다는 큰 장점도 있었죠. 그런데 흰색 가운의 이러한 장점에도 불구하고 초록색의 수술복도 의료활동에서 꼭 필요하다고 하는데요. 그 이유는 '보색 잔상' 때문입니다.

우리 눈의 망막에는 '간상세포'와 '원추세포'가 있습니다. 간상세포는 밝음과 어두움, 즉 '명암'을 느끼는 막대 모양의 세포이고, 원추세포

는 명암과 색깔을 함께 감지하는 원뿔 모양의 세포를 말해요. 원추세포는 한 가지의 진한 색을 오래 보고 있으면 피로함을 느끼게 된답니다. 그래서 그 색을 충분히 받아들이지 못하게 되는 대신 '보색관계'에 있는 색깔은 그대로 받아들이죠. 여기서 보색관계란, 두 가지 색의 빛을 혼합했을 때 하얀색이 되는 것을 말합니다. 빨강과 청록, 노랑과 남색 같은 것이 보색관계의 색입니다. 이 원리에 따르면, 빨간색을 계속 보고 있으면 원추세포가 피로해지면서 점차 빨간색을 제대로 보지 못하고, 보색인 청록색은 제대로 볼 수 있게 되지요. 이 상태로 하얀색 표면에 시선을 두면 청록색의 잔상이 남아 눈앞에 아른거리는 현상이 일어납니다. 이 현상을 '보색 잔상'이라고 합니다.

의사들은 수술할 때 오랫동안 밝은 조명 아래에서 붉은색 피에 노출될 수밖에 없습니다. 따라서 수술 시간이 길어질수록 빨간색을 감지하는 원추세포는 매우 피로해지고, 보색인 녹색이 평소보다 더 강하게 느껴지게 됩니다. 그런데 함께 수술하는 동료 의사나 간호사가 흰색 가운을 입고 있으면 그들을 볼 때 녹색의 잔상이 눈앞에 아른거리게 되겠죠. 이런 잔상은 수술 중인 의사의 시야를 혼란스럽게 하고 집중력을 떨어트리게 할 거예요. 그러니 아예 수술에 들어온 사람들 모두 녹색 수술복을 입어서 이런 현상을 미리 막는다고 합니다.

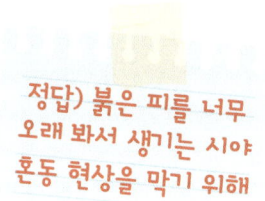

정답) 붉은 피를 너무 오래 봐서 생기는 시야 혼동 현상을 막기 위해

알고 보니 청록색 수술복에도 과학적인 원리가 숨어 있었군요. 의학이 발전하면서 의사들의 가운과 수술복도 발전을 거듭해온 것 같네요.

최근에는 의사들의 흰색 가운이 환자들에게 긴장감이나 거리감을 느끼게 할 수 있어, 하늘색, 분홍색, 베이지색 같은 보다 편안하고 차분한 느낌을 주는 색상의 가운을 도입하고 있다고 합니다. 의학 드라마에서는 카리스마 있는 의사들의 모습을 주로 보았지만, 현실의 의사 선생님들은 환자의 마음을 배려해주고 조금 더 친근하게 다가가려 노력하는 분들이 많은 것 같습니다.

상식

06.

태국에서 음주 운전자에게 내리는 무시무시한 벌은?

최근 우리나라에서는 '음주운전'이 심각한 사회적 문제로 이야기되고 있어요. 술에 취한 채로 운전하다 타인에게 큰 피해를 입히는 사고가 여러 차례 일어나기 때문이에요. 이 때문에 음주운전에 대한 처벌을 점차 강화하고 있는데요. 외국에서는 이미 음주운전을 중형으로 다스려왔다고 합니다. 미국 워싱턴 주에서는 음주운전으로 사망사고를 일으킨 사람에게 최대 무기징역을 선고하고, 호주에서는 음주 운전자의 신상정보를 신문에 공고하는데요. 태국에서도 음주 운전자들에게 특이하면서도 무시무시한 형벌을 내린다고 합니다. 태국 정부가 음주 운전자들에게 내리는 이 형벌은 무엇일까요?

1장. 상식 | 33

술은 알코올이 들어 있어 마시면 취하게 되는 음료입니다. 인류가 술을 마시기 시작한 건 상당히 오래 전부터랍니다. 기원전 5,000년부터 메소포타미아와 이집트에서 포도주를 빚었고, 고대 중국에서 누룩으로 술을 빚었다는 기록이 남아 있다고 하니까요. 오랜 역사를 자랑하는 만큼 술은 즐거운 일이 있을 때는 축하주로, 몸이 약해지고 기운이 없을 때는 약주로 쓰이곤 합니다. 하지만 술을 마시고 자동차 등을 운전하는 음주운전은 심각한 위험을 초래합니다. 술에 취하면 순발력, 판단력이 떨어지고 물체를 정확히 볼 수 없어서 교통사고 가능성이 높아지기 때문입니다. 따라서 술에 취한 상태에서는 운전하지 말 것을 법으로 정해두었는데요. 그런데도 음주운전으로 인한 교통사고는 여전히 줄어들지 않고 있습니다.

이 때문에 여러 나라에서는 음주 운전자를 엄격한 벌로 다스리고 있습니다. 그중 태국 정부가 음주 운전자에게 내리는 형벌이 특히 눈에 띄는데요. 태국에서는 음주운전이 적발된 사람들을 시신이 안치된 영안실에 보내 봉사활동을 하게 합니다. 영안실 청소는 물론, 시신을 닦고 운반하는 일도 시킨다고 하네요. 총 50시간을 채워야 하는 영안실 봉사활동은 태국 정부가 음주운전을 막기 위해 내린 특단의 조치입니다. 그동안 태국 정부에서 '음주운전은 곧 살인'이라고 강조하고 음주 운전자를 최고 15일까지 감금하는 형벌도 만들었지만 좀처럼 효과가 없었기 때문이죠. 그래서 영안실에서 죽음을 직접 눈으로 보게 해서 음주운전이 죽음과 밀접하다는 인식을 심어주려 한 것입니다.

그렇다면 우리나라는 어떨까요? 우리나라는 음주운전 때문에 사람이 사망하여도, 운전자에게 징역 8개월에서 2년 정도의 가벼운 형벌이 선고되었습니다. 그마저도 77%는 집행유예로 풀려났다고 합니다. 심지어 술에 취해 저지른 범행은 사리 분별이 어려운 상태에서 이루어진 것으로 보고 오히려 형량을 줄여주기도 했습니다.

이러한 악습을 바로잡기 위해, 음주운전 처벌을 강화하는 이른바 '윤창호 법'이 시행되기 시작했습니다. 앞으로 술에 취한 상태에서 운전하다 사람을 숨지게 하면, 무기징역 또는 3년 이상의 징역형을 받게 됩니다. 사람을 다치게 해도 1년 이상 15년 이하의 징역 또는 1천만 원 이상 3천만 원 이하의 벌금형을 받게 되지요. 음주운전을 판단하는 기

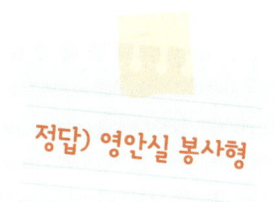

정답) 영안실 봉사형

준도 강화해, 전보다 더 적은 양의 술을 마셔도 음주운전으로 단속될 수 있게 했습니다. 법률이 강화되었으니 사람들이 음주운전의 위험성을 깨닫고 경각심을 가져서 더 이상 음주운전을 하지 않게 되었으면 좋겠습니다. '술 때문에!'를 외쳐봐야 이미 사고는 벌어진 후일 테니까요.

07.

비행기에서 기장과 부기장이 식사 시간에 꼭 지켜야 할 규칙은?

비행기에서 가장 접근이 어려운 구역은 어디일까요? 바로, 외부인의 출입이 철저히 통제되는 비밀 공간, 조종석인데요. 비행기 운항을 책임지고 있는 기장과 부기장이 있는 곳이기 때문이지요. 이들에게는 승객의 안전을 위해 반드시 지켜야 할 '규칙'이 몇 가지 있습니다. 그중, 기장과 부기장이 식사 시간에 꼭 지켜야 하는 이 규칙은 무엇일까요?

여행을 떠나기 전, 짐을 가득 넣은 짐가방을 들고 공항으로 가는 길은 마냥 설렙니다. 여행지로 떠난다는 기대감과 즐거움에 발걸음은 가볍기만 하죠. 설렘으로 가득한 승객들이 공항에 도착해 출국 수속을 밟는 동안, 비행기 조종사들은 바짝 긴장한 상태로 비행 준비를 시작합니다. 승객의 안전을 책임지기 위해 점검해야 할 것이 많기 때문이죠. 조종사들은 비행이 시작되기 1시간 30분 전부터 운전할 항로와 기상 상태를 최종적으로 확인해요. 날씨가 좋지 않아 비행이 어려울 경우 회항할 항로와 연료량도 치밀하게 계산하고, 다른 공항에 불시착하는 상황도 대비해야 하지요. 조종사들의 꼼꼼한 최종 점검이 끝나면 비로소 승객들이 비행기에 탑승하게 됩니다.

비행이 시작되어도 조종사들은 쉴 틈이 없다고 해요. 비좁은 공간을 기장과 부기장이 나눠 사용하면서 계속해서 날씨와 비행 고도를 확인해야 하니까요. 그래서 조종사들에게는 식사 시간이 따로 주어지지 않아요. 창밖과 계기판을 확인하며 밥을 먹어야 하죠. 구름이 언제 나타날지 알 수 없다 보니 식사 시간에도 긴장을 늦춰서는 안 되기 때문입니다. 그런데 이들이 식사 시간에 지켜야 하는 중요한 규칙이 하나 더 있다고 하는데요. 그것은 바로 기장과 부기장이 반드시 서로 다른 음식을 먹어야 한다는 것입니다. <mark>혹시라도 음식이 상해 한 사람에게 이상이 생기더라도 다른 한 사람은 무사히 비행기를 운항할 수 있어야 하기 때문입니다.</mark> 이러한 규칙은 1975년에 발생했던 항공 역사상

최대의 식중독 사고를 계기로 생겨났습니다.

　1975년 2월, 344명의 승객과 20명의 승무원을 태운 일본항공의 비행기가 도쿄를 출발하였습니다. 앵커리지와 코펜하겐을 거쳐 파리에 도착할 예정이었던 이 항공편은, 앵커리지 공항에 착륙한 후 기내식을 실었지요. 이 기내식은 승객들과 기장, 부기장에게 제공되었습니다. 몇 시간 후, 일부 승객들이 식중독 증상을 보이기 시작했습니다. 뒤이어 순식간에 140명 넘는 승객들이 증상을 호소하기 시작했어요. 식중독의 원인을 조사해보니 기내식으로 제공된 '햄'에 문제가 있었던 것으로 밝혀졌습니다. 천만다행으로, 조종사들은 비행기에 탑승하기 전 따

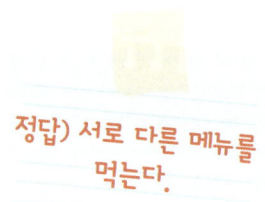

로 식사를 했기 때문에 이 기내식을 먹지 않은 상태였지요.

　이 사건을 계기로, 기장과 부기장은 서로 다른 조리사가 만든 기내식을 먹도록 권장하기 시작했습니다. 현재에는 기장과 부기장이 서로 다른 음식을 먹어야 한다는 규칙으로 정착되었죠. 많은 승객의 안전이 기장과 부기장의 손에 달린 만큼 막중한 책임을 지고 있는 것 같습니다. 길고 긴 비행 중 식사 시간도 따로 가질 수 없고 원하는 메뉴를 먹을 수도 없는 걸 보면 말이지요. 앞으로는 여행길에 오를 때 우리들의 즐거운 여행을 책임지는 조종사들의 노고를 꼭 한번 떠올려봐야겠습니다.

2장. 경제

경제

01.

⭐ 백만장자들이 가진
의외의 공통점은?

'열심히 공부해야 성공한 사람이 되지!' 어른들의 이런 잔소리, 한국의 초등학생이라면 한 번쯤은 들어봤을 텐데요. 성공한 사람이 되고 싶은 마음은 굴뚝같지만, 꼭 공부를 열심히 해야만 성공할 수 있는 건지 알쏭달쏭하기만 합니다. 사회경제학자 '랜달 벨' 박사도 그런 궁금증을 가지고 성공한 사람들에게 어떤 공통점이 있는지 조사했다고 하는데요. 조사 결과, <mark>성공한 사람에게는 있고 실패한 사람에게는 없는 생활 습관</mark>이 발견되었다고 합니다. 특히, '이것'을 하는 사람은 백만장자가 될 가능성이 두 배나 높았다고 하는데요. 이것은 무엇일까요?

"어떻게 해야 성공할 수 있을까?"

많은 사람이 궁금해하는 질문입니다. 누구나 성공한 사람이 되고 싶기 때문이지요. 그래서 성공한 사람들의 이야기를 담은 책을 읽고 그들의 행동을 따라해 보기도 합니다. 그렇지만 성공한 사람들의 공통점을 발견하는 게 그리 쉬운 일은 아닌가 봅니다. 많은 학자가 성공한 사람들의 공통점을 찾기 위해 연구해보았지만, 그 누구도 확실한 답을 내리지 못했기 때문이지요.

하지만 사회경제학자인 랜달 벨(Randall Bell) 박사는 달랐습니다. 성공한 사람, 실패한 사람, 보통 사람을 골고루 섞어 무려 5천 명의 사람을 대상으로 연구한 것입니다. 연구 대상에는 정치가, 대학교수, 운동선수 등 다양한 직업을 가진 사람들이 섞여 있었습니다. 그 결과, 랜달 벨 박사는 아주 사소한 습관이 성공한 사람과 실패한 사람을 가른다는 사실을 발견해냈습니다. 바로, 침대를 정리하는 것이었지요.

랜달 벨

이쯤 되면 우리는 '아니, 고작 침대 정리 정돈이 성공하는 사람들의 생활 습관이라는 거야? 연구가 단단히 잘못된 것 아니야?'라는 의문을 가지게 됩니다. 그렇지만 우리의 아침 풍경을 떠올려보면 랜달 벨 박사의 연구 결과에 저절로 고개가 끄덕여지게 될 것입니다. 침대를 정리하기는커녕 5분이라도 더 자기 위해 엄마의 잔소리에도 아랑곳하지 않고 귀를 틀어막고 돌아 누워버리니까요. 침대에서 일어나면 잔뜩 구겨진 이불은 한데 뭉쳐져 뒷전이 되고 말지요. 밥 한술 떠먹을 틈도 없이 눈썹 휘날리며 뛰쳐나가는 것이 보통 사람들의 일상이니, 매일 아침 침대를 정리한다는 건 분명 특별한 능력임이 틀림없습니다! 그런데 침대를 정리하는 것이 성공하는 사람이 되는 것에 도대체 어떻게 영향을 준다는 걸까요?

해답은 침대를 정리 정돈하는 행동 그 자체가 아니라, 그 행동이 가져다주는 '생각'에 있었습니다. 우리는 내리는 비를 그치게 하거나 꽉 막힌 도로를 시원하게 뚫어버릴 초능력을 가지고 있지 않습니다. 때로는 그저 부모님이나 선생님이 시키는 대로 따라야 할 때도 있지요. 그렇지만 침대를 정리하는 건 어떤가요? 조금만 일찍 몸을 일으켜 이불을 개고 구겨진 침대 시트를 펴주기만 하면 성공입니다. 뜻대로 할 수 없는 것들이 가득한 세상 속에서 침대를 정돈하는 행동을 통해 내 의지대로 할 수 있는 게 있다는 생각을 가지게 되는 것이지요. 그 생각이 바로 우리를 성공한 사람으로 만들어주는 열쇠라는 것입니다. 그러니 "이불 좀 개고 다녀라!"는 엄마의 외침은 사실 잔소리가 아니라 성공한 사람이 되라는 응원인 셈이겠네요!

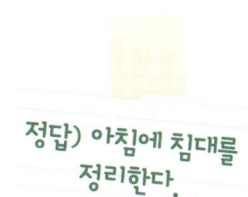

02.

⭐ 최고의 투자가 워런 버핏이 인생에서 가장 후회하는 일은?

세계적인 투자의 대가 워런 버핏은 어렸을 때부터 남다른 경제 감각을 가지고 있었다고 합니다. 6살 때 집에 있던 콜라와 껌을 이웃에게 팔아 이윤을 남기고, 11살에는 저축한 돈으로 주식 투자를 시작했다고 하는데요. 떡잎부터 남달랐던 그도 인생에서 가장 후회하는 일이 하나 있다고 하는군요. 남부러울 것 없어 보이는 그가 후회하는 이것은 무엇일까요?

'될성부른 나무는 떡잎부터 다르다'는 속담이 있지요. 장래에 크게 될 사람은 어릴 때부터 남다른 면이 엿보인다는 의미입니다. 투자의 귀재인 버핏이 바로 이런 속담에 해당하는 인물일 텐데요. 우선, 그의 '떡잎 시절'에 대해 먼저 알아볼까요? 버핏은 1930년에 미국 네브래스카 주 오마하 시에서 태어났어요. 사업가이자 투자가였던 아버지의 피를 물려받아, 그는 만 6세가 되던 해부터 자신만의 작은 '사업'을 시작했습니다. 할아버지가 운영하는 식료품 가게에서 6개들이 코카콜라를 25센트에 산 후, 동네 사람들에게 1개당 5센트에 되팔아 총 5센트의 이윤을 남긴 것이었어요.

11세가 되던 해, 이렇게 번 돈을 모아보니 120달러가 되었습니다. 120달러는 현재 환율로 약 14만 원 정도에 해당하는 돈이에요. 버핏은 이 돈으로 석유회사인 '시티 서비스(Cities Service)'의 주식 3주를 주당 38달러에 구입하였습니다. 주가가 40달러까지 오르자 주식을 팔아버렸는데, 이후 주가가 200달러 넘게 치솟아버렸습니다. 이 경험을 통해 버핏은 투자에는 인내심이 중요하다는 걸 깨달았습니다. "10년 동안 주식을 소유할 자신이 없다면, 단 10분도 보유하지 마라"는 대표적인 명언도 이러

워런 버핏

한 경험으로부터 비롯된 것이었죠.

버핏은 청소년기에 접어들자 직접 발로 뛰며 투자금을 마련했습니다. 13세에 '워싱턴 포스트' 신문 배달을 하며 매주 무려 20만 원 정도의 돈을 벌었습니다. 이때 버핏은 단순히 집집마다 신문을 배달하는 것에 멈추지 않고, 자신이 담당하는 다섯 개의 건물에 더 빨리 신문을 배달할 수 있는 방법을 찾기 위해 고민했다고 합니다. 이렇게 몇 년간 신문 배달을 하며 모은 돈은 농지에 투자하거나 기계를 구입해 되파는 사업에 썼습니다.

버핏이 20세가 된 1949년, 이미 그의 자산은 9,800달러, 우리나라 돈으로 약 1억 원에 달했습니다. 그는 이후 자신의 투자 회사를 차리고 주식 투자를 성공시켜 나가며 전 세계에서 손꼽히는 부자의 대열에 올라섰습니다. 그런데 탄탄대로만 달려온 것 같은 그도 삶을 뒤돌아보면 후회되는 것이 있다고 이야기했습니다. 바로, 조금 더 일찍 주식을 시작했어야 했다는 것이었죠. 그는 다시 태어날 수 있다면 11살이 아닌, 5살이나 7살 때부터 주식을 시작하겠다고 하는데요. 고작 5~6년 차이일 뿐인데 왜 이런 이야기를 한 것일까요?

그 이유는 '복리'에 있습니다. 단리와 복리가 만들어내는 차이는 의외로 상당히 큽니다. 우선, 단리와 복리는 원금에 대한 이자를 계산하

는 방식에 따라 나누어집니다. 단리는 원금에 대해서만 이자를 붙여주고, 복리는 원금과 이자를 더한 금액에 다시 이자를 붙여주는 방식입니다. 예를 들어서 연이율 10퍼센트를 쳐주는 은행에 2년간 1,000만 원을 저축했다고 가정해볼까요? 단리로 계산하면 2년 후 받게 되는 돈은 원금 1,000만 원과 이자 200만 원으로 총 1,200만 원입니다. 반면, 복리는 1,000만 원에 연이율 10퍼센트를 쳐준 돈에 다시 10퍼센트의 이자를 붙여주게 됩니다. 이렇게 계산하면 받는 돈은 총 1,210만 원이 됩니다. 단리로 계산할 때보다 복리로 계산할 때 10만 원 더 이윤을 남길 수 있는 것이지요. 이 예시에서는 고작 10만 원 차이일 뿐이지만, 투자금이 커진다면 5~6년의 시간 동안 만들어지는 차이는 어마어마할 것입니다. 버핏은 이러한 '복리의 마법'을 잘 알고 있었기 때문에 '더 이른 나이에 주식을 시작할 걸 그랬다'는 말을 남긴 것이었지요.

버핏은 돈을 버는 일이라면 진심을 다했습니다. 대학 진학을 앞두었을 때, 버핏의 부모님은 사람들이 알아주는 대학에 진학하라고 말씀하셨습니다. 하지만 그는 부모님의 말씀을 따르기보다 자신이 좋아하는 투자 공부를 할 수 있는 대학에 진학했습니다. 그 이후로도 계속해서 투자와 사

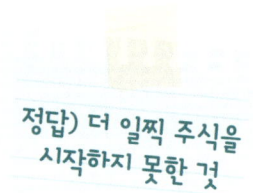

업에 열정을 다하는 모습을 보자 결국 부모님도 버핏의 꿈을 응원해주었다고 합니다.

자신이 잘하는 일을 열심히 한 결과, 그는 막대한 재산을 축적했습니다. 하지만 그는 여기에서 멈추지 않았습니다. 하루 최소 5시간 이상을 책, 신문, 잡지를 읽는 데 쓰며 공부를 게을리하지 않았습니다. 자신이 가진 전 재산을 사회에 환원하겠다고도 선언하였습니다.

버핏은 자신이 재산을 축적할 수 있었던 것은 사회와 국가 덕분이었다고 말하며, 자신의 재산을 사회를 위해 써줄 것을 당부하였다고 합니다. 이런 그의 모습은 '부자의 모범'을 보여주는 것 같습니다. 가진 돈을 펑펑 쓰며 베짱이처럼 놀기보다, 끊임없이 공부하고 노력하고 가진 것을 주변 사람들과 나누는 모습을 보면 말이지요. 워런 버핏은 막대한 재산을 가졌을 뿐만 아니라 높은 인격도 함께 갖추어, 우리에게 큰 감동을 주는 인물로 기억될 것 같네요.

03.

⭐ 미국에서 가장 돈 되는 말
1위로 꼽힌 것은?

만약, 세상에 '하면 할수록 돈을 벌 수 있는 말'이 있다면 우리는 어떤 행동을 하게 될까요? 모르긴 몰라도 사람들에게 그 말을 아낌없이 하려고 하겠지요. 그런데 이런 일이 실제로 일어나고 있다고 하네요. 미국의 한 여론조사 전문기관에서 조사한 결과, 연봉이 높은 사람들의 92퍼센트가 이 말을 자주 했다고 하는데요. '가장 돈 되는 말'로 꼽힌 이 말은 무엇일까요?

여러분은 지난 한 주간 '미안합니다', '죄송합니다', 혹은 '미안해'라는 말을 얼마나 자주 했나요? 고맙다는 말도, 사랑한다는 말도 하기 어렵고 쑥스럽지만, 가장 하기 어려운 말은 '미안합니다'인 것 같은데요. 내 잘못이라는 걸 알면서도 왠지 모르게 억울한 마음이 앞서 입이 떨어지지 않기도 하고, 미안하다고 먼저 말하면 상대방에게 지는 것 같은 기분이 들기도 하니까요. 그런데 만약, '미안합니다'를 많이 말할수록 부자가 될 수 있다면 어떨까요? 누가 시키지 않아도 너도나도 앞 다투어 '미안'을 외치게 되지 않을까요? 영화에서나 나올 법한 이야기 같지만, 사실 현실에서 일어나고 있는 일이라고 합니다.

미국의 여론조사 전문기관인 조그비 인터내셔널에서 7,590명을 대상으로 설문조사를 실시했습니다. 모든 참여자들은 연봉이 얼마인지, 자신이 잘못했다고 느꼈을 때 사과하는지, 잘못한 게 없다고 생각해도 사과하는지를 묻는 질문에 답했습니다. 응답 결과는 높은 연봉을 받는 사람들은 낮은 연봉을 받는 사람들보다 사과를 2배 정도 더 많이 하는 것으로 드러났습니다. '자신이 잘못했다고 느꼈을 때 사과하느냐'는 질문에 높은 연봉을 받는 사람들의 무려 92퍼센트가 '그렇다'고 답한 반면, 낮은 연봉을 받는 사람들은 52퍼센트만이 '그렇다'고 답하였습니다. '자신이 잘못한 것이 없을 때에도 사과하느냐'는 질문에는 높은 연봉을 받는 사람들의 22퍼센트가 '그렇다'고 답했지만, 낮은 연봉을 받는 사람들은 13퍼센트만이 '그렇다'고 답했다고 해요. 어떤 상황

에서든 높은 연봉을 받는 사람들이 그렇지 않은 사람들보다 두 배 가까이 사과를 많이 하는 것으로 드러난 것이죠.

도대체 '미안하다'고 말하는 것과 돈을 많이 버는 것은 어떤 관계가 있는 것일까요? 그 비밀은 바로 '자신의 실수로부터 배우려는 마음'이었습니다. 성공한 사람은 자신을 더 나은 방향으로 성장시키려는 마음을 가지고 있습니다. 또, 자신이 잘못했을 때 먼저 사과하는 것이 오히

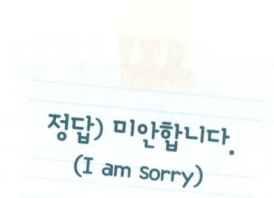

려 자신에게 더 도움이 된다고 생각하지요. 그래서 실수를 하거나 자신이 틀렸음을 알게 되면, 이를 좋은 교훈으로 삼고 성장할 수 있는 기회로 만들고자 상대에게 먼저 사과의 말을 건네는 것입니다. 그러니 '미안하다'는 말을 먼저 건넬 수 있는 용기와 겸손함이 우리를 높은 연봉을 받는 사람으로 만들어주는 비법인 셈이네요.

04. 넷플릭스 창업자가 아버지에게 물려받은 첫 번째 성공 지침은?

'리드 헤이스팅스'라는 인물은 넷플릭스 CEO로 널리 알려져 있습니다. 하지만 리드 헤이스팅스와 함께 넷플릭스를 공동창업한 '마크 랜돌프'라는 인물은 비교적 덜 알려져 있는데요. 그는 헤이스팅스와 1997년 넷플릭스를 창업한 후 2003년 회사를 떠날 때까지 24시간이 모자랄 만큼 쉬지 않고 일했습니다. 그가 열정적으로 일할 수 있었던 건 아버지가 물려주신 8가지 성공 지침 덕분이었다고 하는데요. 그가 욕실 거울에 붙여놓고 매일 읽었던 이 '8가지 성공 지침' 중 첫 번째는 '일을 지시받았을 때 이렇게 하라'는 것이었다고 합니다. 미디어의 역사를 바꾼 넷플릭스를 있게 한 성공 지침 중 첫 번째 지침의 내용은 무엇이었을까요?

두둥!

한가로운 주말 오후, 넷플릭스의 시작을 알리는 낯익은 소리와 함께 온 세상의 재미있는 영화와 드라마들이 눈앞에 펼쳐집니다. 학교에 가도 학원을 가도 친구들은 연신 넷플릭스에서 화제가 된 영화나 드라마에 대한 이야기만 합니다. 친구들과의 대화에 끼려면 꼭 챙겨 보아야 할 것이 많습니다. 리모컨 버튼을 이리저리 눌러가며 무엇을 먼저 볼지 고민하다 누르는 재생 버튼! 왠지 익숙함이 느껴지는 광경 아닌가요?

넷플릭스는 어느새 우리 일상에서 빠질 수 없는 중요한 매체가 되

었습니다. 현재 전 세계에서 1억 6천만 명이 구독하고 있는 거대 미디어 기업이기 때문이죠. 넷플릭스에서 인기몰이를 시작한 영화나 드라마는 단숨에 전 세계로 퍼져나갑니다. 2021년 가을, 한국 드라마 〈오징어 게임〉이 전 세계에서 유행한 것처럼요. 그런데 넷플릭스가 처음 만들어지던 당시, 창립자의 주변 사람들은 넷플릭스가 성공할 거라고 믿지 않았답니다. 심지어 창립자의 아내마저 '절대 성공하지 못할 것'이라고 말했다고 해요.

성공하지 못할 수도 있었던 일을 큰 성공으로 이끈 창립자의 이름은 '마크 랜돌프'입니다. 그는 온라인에서 DVD를 배달해주는 사업 아이템을 가지고 넷플릭스를 처음 설립한 사람입니다. 현재는 넷플릭스를 떠나 여러 스타트업을 설립하고 젊은 사업가들에게 멘토 역할을 하고 있지만, 과거의 그가 없었다면 현재의 넷플릭스는 세상에 존재하지 않았을 거예요. 1997년 어느 날, 랜돌프는 사람들에게 인터넷을 이용해 비디오를 빌려주면 좋겠다는 생각을 하게 됩니다. 1990년대에는 비디오 대여점에 방문해서 돈을 지불하고 비디오를 빌려왔다가 반납일에 다시 비디오 대여점으로 찾아가야 했는데, 이런 불편함 때문에 비디오를 제때

마크 랜돌프

2장. 경제 | 57

반납하지 못하고 연체료를 무는 사람이 꽤 많았기 때문이었습니다. 랜돌프가 이 아이디어를 공동창업자인 '리드 헤이스팅스'에게 공유하자 그는 랜돌프의 아이디어가 좋다고 생각해 투자하기로 합니다. 1년 3개월 후, 드디어 랜돌프가 세상에 넷플릭스를 등장시키지요.

하지만 넷플릭스의 첫 시작은 보잘것없었습니다. 회사를 운영하는 중간중간 여러 우여곡절을 겪기도 했지요. 하지만 마크 랜돌프는 좌절하지 않고 하루가 모자를 만큼 쉼 없이 일했습니다. 이처럼 그가 포기하지 않고 넷플릭스를 성장시킬 수 있었던 것은 아버지로부터 물려받은, 간단하고도 강력한 8가지의 성공 지침 덕분이었습니다. 그중 첫 번째 지침은 최고의 결과를 내기 위해 밤늦게까지 열정적으로 일하는 넷플릭스의 기업 문화에도 영향을 주었다고 합니다.

이 첫 번째 지침의 내용은 '요청받은 것보다 최소 10퍼센트 이상 더 하라'는 것입니다. 이 지침은 무척 간단한 것처럼 보이죠? 하지만 자세히 들여다보면 그렇지 않습니다. 기대치보다 더 많이 일하는 것은 결코 쉬운 일이 아니기 때문입니다. 그만큼 더 많이, 더 열심히 노력해야 합니다. 특히 누구도 알아주지 않을 때조차 최선을 다해야 할 때는 더욱 그렇습니다. 랜돌프의 아버지가 알려주신 첫 번째 지침은 랜돌프가 꾸준히, 포기하지 않고, 최선을 다해 넷플릭스의 토대를 닦은 원동력이었습니다. 랜돌프는 아버지가 메모지에 손수 써주신 이 8가지 성공 지침을 화장실 거울 옆에 붙여두었다고 합니다. 매일 아침 칫솔질을

할 때마다 이 메모를 읽으며 아버지의 가르침을 마음에 되새겼다고 하는군요. 아버지의 훌륭한 가르침을 랜돌프가 그대로 실천한 덕분에 전 세계인이 열광하는 넷플릭스가 존재할 수 있었던 것입니다.

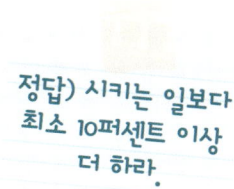
정답) 시키는 일보다 최소 10퍼센트 이상 더 하라.

05.

경제

백만장자들이 공유하는 부자 되는 방법 중 최후의 비밀은?

백만장자는 어떻게 부자가 되었을까요? 혹시 남들에게는 알려주지 않는 그들만의 비법이 있는 건 아닐까요? 미국의 부자들을 전문적으로 조사하는 기관의 연구 이사 '사라 스탠리 폴로'가 600여 명의 백만장자를 대상으로 연구한 결과, 이들에게서 6가지 공통적인 요인이 발견되었다고 해요. 그것은 절약 정신, 자신감, 책임감, 계획성, 집중력, 그리고 마지막으로 이것인데요. 사람들을 부자로 만들어주는 6가지 법칙 중 마지막 한 가지는 무엇일까요?

나이, 집안, 월급, 외모, 인종 등에 상관없이 누구든 부자가 될 수 있는 방법이 있다면 믿을 수 있을까요? 마법 같은 이야기라며 귀 기울이지 않을지 모릅니다. 그렇지만 '부유한 시장 연구기관(Affluent Market Institute)'의 연구 이사인 '사라 스탠리 폴로'는 백만장자들에게 나타나는 공통적인 법칙 6가지를 찾았습니다. 절약, 자신감, 책임, 계획, 집중, 그리고 '유행에 무관심한 태도'가 바로 그것인데요. 그녀는 이 여섯 가지를 실천한다면 누구나 부자가 될 수 있다고 이야기합니다. 이 6가지 부의 법칙은 각각 어떤 삶의 태도를 의미하는 것일까요?

첫 번째로, '절약'은 버는 돈보다 적게 쓰는 것을 의미해요. 제아무리 버는 돈이 많아도 그보다 더 많은 돈을 쓴다면 평생 부자가 될 수 없겠지요. 두 번째로, '자신감'은 자신에 대한 믿음이에요. 나 자신이 빛나는 사람이라고 믿는다면 비싼 옷이나 비싼 물건이 굳이 필요하지 않으니까요. 세 번째로, '책임'은 남 탓을 하지 않고 자신의 역할을 다하는 것을 말해요. 부자로 만들어주겠다는 다른 사람의 말을 덜컥 믿고 따르거나, 실패했을 때 다른 사람을 탓하는 것은 무책임한 태도라는 것이지요. 네 번째로, '계획'은 목표를 이루기 위해 꼭 필요한 것이에요. 다섯 번째, '집중'은 목표를 달성하기 위해 열심히 일하는 것을 말합니다. 폴로가 조사한 백만장자 중 대부분은 먼 훗날의 계획까지 미리 세워두고 열심히 일해 결국 목표를 달성해냈다고 하는군요.

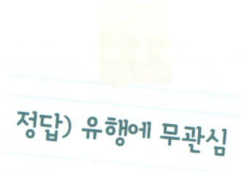
정답) 유행에 무관심

절약, 자신감, 책임, 계획, 집중. 이 5가지 덕목을 모두 갖추고 나면, 비로소 마지막 부의 법칙에 다다르게 됩니다. 바로, '유행에 무관심한 태도'입니다. 자기 자신에 대해 믿음을 가지면 남들에게 잘 보이기 위해 치장하는 것에 덜 신경 쓰게 됩니다. 또, 삶의 목표를 이루기 위한 자신의 역할에 집중하게 되지요. 그 결과, 유행을 따라야 한다는 생각도 자연스레 사라지게 됩니다. '욜로'나 '소확행' 같은 유행을 따르며 현재의 즐거움을 찾기보다 미래를 어떻게 살아갈지 계획하고 실천하게 되는 것이지요.

부자들로부터 배우는 교훈은 단지 돈을 버는 방법만 의미하는 것은 아닌 듯합니다. 우리가 어떤 삶의 태도를 가지고 살아가느냐에 따라 우리의 미래는 얼마든지 달라질 수 있다는 것을 보여주는 것이지요. 그러니 부자들이 가진 비밀의 6가지 법칙을 오늘부터 바로 실천해보는 건 어떨까요? 지금 이 순간 나의 행동에 따라 내 미래도 달라질 테니까요.

06. 주식의 신 앙드레 코스톨라니가 주식을 산 사람들에게 남긴 명언은?

주식 투자의 세계에는 전설적인 인물들이 몇몇 있습니다. 대표적으로 미국에는 주식 투자의 귀재라고 불리는 워런 버핏이 있지요. 유럽에도 '주식의 신'이라 불리는 사람이 있습니다. 바로, '앙드레 코스톨라니'인데요. 그는 옛 러시아제국 국채를 사들인 후 60배의 수익을 내고, 독일의 국채를 사서 140배의 수익을 내며 전설적인 존재가 되었습니다. 그런 그가 주식을 산 사람들에게 남긴 명언은 '주식을 산 다음, 이렇게 하라'는 것이었습니다. 이것은 무엇일까요?

동물들은 겨울이 되면 '겨울잠'에 들어갑니다. 춥고 긴 겨울 동안 에너지를 절약해 생명을 유지하기 위함입니다. 겨울잠을 자는 동안 꽁꽁 얼어붙은 추위가 지나가고 나면 어느새 따뜻한 봄을 맞이하게 되지요. 그런데 사람에게도 동물들이 겨울잠을 자는 것과 같이 '수면제를 먹고 푹 자라'고 제안하는 사람이 있었는데요. 현대인들이 피로 누적으로 힘들어질 것을 걱정한 수면 전문가가 한 말일까요? 그렇지 않습니다. 유럽에서 주식의 신이라 불렸던 '앙드레 코스톨라니'가 남긴 말입니다.

　앙드레 코스톨라니는 1906년 헝가리에서 태어났습니다. 그는 원래 피아니스트가 되려고 했지만, 그의 아버지는 그에게 '주식 투자를 배워보라'고 제안했습니다. 제안을 받아들인 그는 프랑스 파리로 유학을 떠났습니다. 아버지의 친구 밑에서 주식 투자를 배우기 위해서였지요. 열심히 주식 투자를 공부하던 그는 제2차 세계대전에서 패전국이 된 이탈리아의 자동차 회사 주식을 주당 150리라(우리 돈으로 환산하면 15,000원 정도)에 사들였다가 나중에 1,500리라에 팔면서 '주식 투자의 신'으로 불리기 시작했습니다. 또, 다른 패전국인 독일의 국채를 사들였다가

알드레 코스톨라니

140배의 이익을 남기기도 했습니다. 이것이 끝이 아닙니다. 그가 사들였던 러시아제국의 국채는 무려 6,000배의 이익을 남겼으니까요. 그는 35세에 이미 유럽에서 제일 가는 부자가 되었습니다.

그런 그가 왜 사람들에게 '수면제를 먹고 푹 자라'는 말을 한 것일까요? 사실, 이 말을 하게 된 맥락을 살펴보면 단순히 '잠들라'는 의미가 아니라는 걸 알 수 있습니다. 코스톨라니는 자신의 주식 투자 비법을 말할 때, '주식을 사둔 뒤 수면제를 먹고 몇 년간 푹 자는 것이 좋다'고 했습니다. 다시 말해, 주식을 사고 나서 그것이 올랐는지 떨어졌는지 계속 확인하며 마음 졸이지 말고, 신뢰할 수 있는 주식에 투자해 오랫

잠자는 주식의 개미 투자자 공주

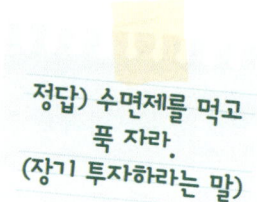

동안 보유하는 것이 부자가 될 수 있는 비법이라는 것이지요. 주식 투자는 짧은 시간 내에 수익을 올리지 못할까봐 전전긍긍하다가 오히려 손해를 보는 경우가 많기 때문입니다.

코스톨라니의 명언은 우리에게 좋은 교훈을 줍니다. 무언가를 할 때 오랫동안 꾸준히 하는 것의 중요성을 알려주고 있기 때문입니다. 당장은 큰 변화가 일어나지 않더라도 마치 겨울잠을 자는 것과 같이 묵묵히 제 할 일을 하다 보면, 어느새 봄날이 성큼 다가와 있는 것처럼 말이지요.

3장.
역사

01.

임금을 속여도 벌을 받지 않았던 조선시대 만우절은?

역사

매년 4월 1일은 거짓말을 해도 용서가 되는 '만우절'입니다. 친구들에게 평소에 하지 못했던 거짓말을 실컷 하다 보면 하루가 끝나가는 게 아쉬워지는데요. 사실 현재 우리가 즐기는 만우절은 서양에서 들어온 풍습입니다. 그렇지만 조선 시대에도 지금의 만우절과 같이 거짓말을 해도 용서받을 수 있는 날이 있었다고 합니다. 심지어 임금님을 속이는 일도 있었다고 하는데요. 거짓말을 해도 벌을 받지 않았던 이 날은 언제였을까요?

피노키오는 거짓말을 할 때마다 코가 길어지는 바람에 거짓말이 금방 들통나버리고 말았습니다. 하지만 코가 길어질 리 없는 우리는 만우절이 돌아오면 어김없이 '피노키오'들이 되어버립니다. 친구나 어른들에게 귀여운 거짓말을 하며 놀라게 하는 재미에 푹 빠지게 되는 것이죠. 그런데 우리 조상님들도 이런 재미를 즐기셨다고 합니다. 지금과는 달리 추운 계절, 첫눈이 오는 날이 바로 조선시대 판 '만우절'이었습니다. 그런데 왜 하필 첫눈 오는 날에는 거짓말도 용서해주는 여유를 부린 것일까요? 이유는 바로, 조선이 농업국가였기 때문입니다.

첫눈이 내리는 것은 다음 해의 풍년을 알려주는 중요한 소식 중 하나였습니다. 눈이 오지 않으면 '겨울 가뭄이 든다'고 할 만큼 땅이 거칠어져 다가올 농사들이 모두 위태로워지는 것이었죠. 그래서 첫눈이 내린다는 것은 농사의 첫 시작이 순조롭게 진행되었다는 뜻이니, 모든 사람이 기뻐할 만한 날이었습니다. 그래서 상대가 거짓말을 해도 짐짓 속는 척하거나 화내지 않는 관용을 보인 것이지요. 물론, 도리를 벗어난 심한 거짓말까지 모두 용서받았던 것은 아니었겠지만.

조선왕조실록에도 첫눈 오는 날 거짓말을 주고받은 이야기가 실려 있다고 합니다. 세종대왕 시절, 왕위를 물려주고 뒤로 물러나 있던 세종의 아버지 태종이 첫눈을 상자에 담아 약이라고 속여 자신의 형인 정종에게 보냈습니다. 그러나 정종은 이미 이 사실을 눈치채고 있었지요. 그래서 상자를 들고 온 신하를 잡으라고 명령을 내렸는데, 눈치 빠른 신하가 상자를 내려두고는 도망쳐버렸다고 합니다. 고려 시대 때부터 내려온 풍습에 따라, 첫눈을 담아 상대에게 보내면 받은 사람이 술값을 내고, 반대로 눈을 가지고 온 사람을 잡으면 보낸 사람이 술값을 내게 되어 있다고 합니다. 그러니, 눈을 가지고 온 신하를 잡지 못한 정종은 태종에게 영락없이 술을 사게 되었던 것이지요. 세종대왕님은 어른들의 이런 귀여운 장난을 보며 어떤 생각을 하셨을지 궁금해지네요. 이런 사대부의 풍습은 민간에도 그대로 전해졌다고 합니다. 평범한 백성들도 가벼운 거짓말을 주고받으며 다음 해의 풍년을 기원하고 기쁨

을 나눴던 것이지요.

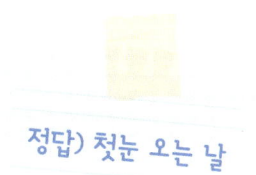

비록 첫눈 오는 날 장난과 거짓말을 주고받던 풍습을 지금은 찾아볼 수 없게 되었지만, 사람들과 즐거움을 나누며 한바탕 웃고, 다른 사람의 거짓말도 웃어넘기는 여유와 풍류를 즐기는 마음만은 수백 년이 지난 지금도 우리 안에 그대로 남아 있는 것 같습니다.

윤봉길 의사와 김구 선생이 서로 시계를 맞바꾼 까닭은?

1932년 4월, 윤봉길 의사는 의거를 앞두고 있었습니다. 윤 의사가 의거를 성공시키고 다시 살아 돌아올 수 있을지는 아무도 알 수 없었지요. 역사적인 그날 아침, 윤 의사는 자신이 새로 산 시계를 김구 선생의 헌 시계와 바꾸자는 제안을 합니다. 김구 선생은 자신의 시계가 낡았다며 사양하지만 윤 의사의 말을 듣고 결국 시계를 바꾸게 됩니다. 윤 의사가 한 말은 무엇이었을까요?

친한 친구를 어쩔 수 없이 떠나보내야 한다면, 우리는 어떤 행동을 할까요? 친구가 먼 곳으로 이사를 가서 만나기 어려워지거나 전학을 가게 되어 더 이상 학교를 함께 다니지 못한다면 말이지요. 그렇다면 헤어짐을 앞두고 친구와 맛있는 밥 한 끼라도 먹으러 가려고 할 것입니다. 이별을 앞두고 슬픈 마음을 애써 감추며 말입니다. 그리고 둘만의 추억을 오래도록 기억하자는 마음을 담아 선물을 주고받을 수도 있겠지요. 우리가 익히 알고 있는 애국열사 두 분도 마지막이 될지 모르는 만남에서 함께 밥을 먹었습니다. 그리고 각자 가지고 있던 시계를 교환했습니다. 이 사연의 주인공은 누구일까요? 바로, 김구 선생과 윤봉길 의사입니다.

김구

윤봉길

3장. 역사 | 73

김구 선생은 1876년 황해도 해주에서 출생하였습니다. 일제에 저항하는 활동을 이어가던 중 3.1운동 직후 상해로 망명해 대한민국 임시정부의 초대 경무국장(지금의 경찰총장)이 되었습니다. 윤봉길 의사는 1908년 충청남도 예산에서 출생하였습니다. 1918년 덕산보통학교(지금의 초등학교)에 입학하였다가 1년 뒤 3.1 운동이 일어나자 일제에 저항하는 의미로 학교를 자퇴하였습니다. 그는 중국 여러 곳을 돌며 독립운동을 준비하다가, 1931년 8월에 대한민국 임시정부가 있는 상해로 향했습니다. 독립운동을 보다 적극적으로 수행하기 위한 결정이었습니다. 윤 의사는 임시정부의 김구 선생을 자주 찾아가 독립운동에 대한 굳은 각오를 밝혔다고 합니다. 두 사람의 인연은 이렇게 시작되었습니다.

1932년 4월 29일, 김구 선생은 '김해산'이라는 사람의 집에서 윤봉길 의사와 함께 아침 식사를 했습니다. 이날은 윤봉길 의사가 홍구공원에서 의거를 일으키기로 한 날이었습니다. 살아 돌아올 수 있을지조차 모르는 곳으로 동료를 보내야 하는 김구 선생의 마음은 못내 슬프고 안타까웠던 듯합니다. 그렇지만 윤봉길 의사는 도리어 의연한 태도로 다가올 운명을 준비하는 얼굴이었습니다. 식사를 모두 마치자, 계획한 의거까지는 약 한 시간이 남아 있었습니다. 윤봉길 의사는 전날 6원을 주고 산 새 시계를 김구 선생에게 건네었습니다. 그리고 김구 선생의 헌 시계를 가리키며 이렇게 말했다고 합니다.

"선생님 시계는 2원짜리니 제 것하고 바꿉시다."

김구 선생은 자신의 낡은 시계를 새것과 바꾸기 미안한 마음이 들어 윤 의사의 제안을 사양했는데요. 윤 의사는 이렇게 말하며 김구 선생의 마음을 돌려세웠습니다.

"제 시계는 이제 한 시간밖에 쓸 데가 없습니다."

죽음을 무릅쓰고 의거를 꼭 성공시키겠다는 비장함이 묻어나는 윤봉길 의사의 말에 김구 선생은 자신의 시계를 윤 의사에게 내어주고, 윤 의사의 시계를 받아들었습니다. 그리고 자동차를 타고 의거 장소로 향하는 윤 의사의 뒷모습을 바라보았습니다.

오후가 되자 '홍구공원에서 누가 폭탄을 던졌다'는 소문이 돌기 시작했습니다. 오후 세 시가 되자 비로소 신문 호외로 윤봉길 의사의 의거 소식이 전해졌습니다. 홍구공원에서 열린 일왕 생일 축하 행사에 참여한 많은 일본 고위급 군인들이 윤 의사가 던진 폭탄에 맞아 죽거나 다쳤다는 소식이었습니다. 윤 의사가 준비해간 물통형 폭탄을 단상 위로 힘차게 던져 의거를 성공시킨 것이었습니다. 그러나 곧이어 터트리려 했던 도시락 폭탄이 불발되면서 윤 의사는 일본 군경들에게 붙잡혀 구타당했습니다. 일본 군경들은 주먹, 군화, 몽둥이를 가릴 것 없이 휘

둘렀습니다. 구타를 당한 채 끌려간 윤 의사는 그해 11월, 일본으로 압송되었습니다. 김구 선생에 대해 알고 있는 것을 모두 말하라는 일제의 모진 고문과 탄압에도 윤 의사는 침묵을 지켰습니다. 결국, 윤 의사는 일본의 한 형무소에서 숨을 거두게 됩니다. 그의 나이 고작 24살이었습니다.

해방이 된 후, 고국으로 돌아온 김구 선생은 윤봉길 의사의 유해를 수습해 장례를 지냈습니다. 윤 의사가 김구 선생과의 의리를 지켰듯이 김구 선생도 윤 의사에게 예의를 다한 것입니다. 김구 선생은 죽는 날까지 윤 의사의 시계를 항상 곁에 두었다고 합니다. 나라를 위해 목숨

바친 청년에 대한 김구 선생의 고마움과 미안함이 시계에 깃들어 있었을 것입니다. 윤 의사의 용기와 희생정신을 상징하기도 하는 이 시계는 현재 서울 백범기념관에 보관되어 있다고 합니다. 죽음을 앞두고 자신의 시계를 김구 선생에게 건네주던 윤봉길 의사의 마음과, 그 시계를 받아들고 자신의 낡은 시계를 내어주던 김구 선생의 마음은 어땠을까요? 죽음을 불사하는 희생으로 나라를 되찾은 애국지사들의 희생을 우리가 오래도록 기억해야겠습니다.

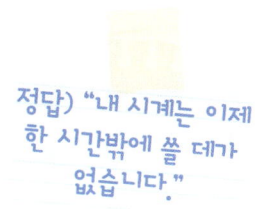

정답) "내 시계는 이제 한 시간밖에 쓸 데가 없습니다."

✦ 전화 인사말 HELLO를 처음 사용하자고 제안한 사람은?

미국에서는 전화벨이 울리면 "Hello?(헬로)"라고 말하며 전화를 받습니다. 우리나라 말로 번역하면 "안녕하세요?" 하고 받는 셈이지요. 전화를 받자마자 다짜고짜 인사말을 하는 것이 어색하게 느껴지기도 하는데요. 그런데 전화를 받을 때 "Hello?"라는 말을 쓰는 것은 '이 사람'이 제안한 것이라고 합니다. 이 사람은 누구일까요?

우리나라에서는 전화를 받을 때 "여보세요?"라고 말합니다. 평소에는 거의 쓰지 않는 말이지만, 전화할 때만큼은 모든 사람이 이렇게 말하지요. 우리는 전화를 받을 때 왜 "여보세요?"라고 할까요? '여보세요'에서의 '여보'는 여기의 '여'와 보다의 '보'가 합쳐진 것입니다. 거기에 '-세요'를 덧붙인 말로, '여기를 좀 보세요'라는 뜻을 가지고 있습니다. 전화할 때는 상대방의 얼굴이 보이지 않는데도 '여기를 보라'고 하는 이유에는 오래된 역사가 있다고 합니다.

1896년, 우리나라 최초의 전화가 경복궁에 설치되었습니다. 이후 전화기가 점차 일반 사람들에게 보급되기 시작하였지요. 지금은 스마트폰으로 서로 얼굴을 보며 화상 통화를 할 수 있지만, 당시 사람들에게는 전화기에서 멀리 떨어진 사람의 목소리가 나오는 것이 신기하고 놀라운 일이었을 거예요. 마치 전화기 속에 그 사람이 들어 있기라도 한 것 같았을 테지요. 그래서인지, 전화를 쓰는 사람들은 상대방에게 '여기 좀 보세요'라는 의미로 "여보세요"라고 말하기 시작했다고 합니다. 그 말이 굳어져 지금까지 사용되고 있는 것이지요.

미국에서는 전화를 받을 때 "Hello?"라고 말합니다. 영어를 사용하는 대부분의 국가들이 그렇지요. 그런데 우리나라에서는 "여보세요"라는 말을 처음 시작한 사람이 누구인지 모르지만, 미국에서는 전화를 받을 때 "Hello?"라고 말하자고 제안한 사람이 있다고 합니다. 놀

랍게도 그 사람은 '토마스 에디슨'입니다. 에디슨은 1847년 미국에서 태어났습니다. 어렸을 때는 달걀을 부화시키려고 직접 품었던 것처럼 엉뚱한 행동을 하는 괴짜였지만, 점차 탁월한 발명실력을 가진 '발명왕'으로 성장하였습니다. 그가 받은 특허만 1천 종을 넘을 정도로 많은 발명품을 남겼지요. 특히, '백열전구'를 만드는 기술 수준을 끌어올려 특허를 받은 것이 그가 남긴 최고의 업적입니다.

그런 그는 전화를 받을 때 "Hello?"라고 말하는 인사말도 발명해냈습니다. 전화기가 세상에 처음 등장하자 사람들은 전화를 받은 후 뭐라고 대답해야 할지 몰랐다고 합니다. 전화기를 만든 미국의 과학자이자 발명가인 '그레이엄 벨'은 "Ahoy!(어~이!)"라고 대답하자고 주장했다고 합니다. 그렇지만 듣는 사람에게 다소 무례하게 느껴질 수 있는 표현이었기 때문에 사람들은 다른 표현을 원했는데요. 그때 에디슨이 "Hello?"라고 하자고 제안

에디슨

하였습니다. 벨과 에디슨의 경쟁 끝에, 미국 최초의 교환실에서 에디슨의 'Hello?'를 채택하면서, 전화를 받을 때 쓰는 인사말로 "Hello?"가 굳어졌다고 합니다. 무심코 하게 되는 전화 인사말조차 만들어냈다니, 에디슨은 정말 발명왕이라는 별명에 걸맞은 인물인 게 확실합니다.

정답) 에디슨

조선시대 임금과 겸상을 하며 초특급 대우를 받은 존재는?

조선 시대 19대 왕 숙종은 강력한 왕권을 행사했던 것으로 알려져 있습니다. 카리스마 넘치는 왕이었던 그에게 위안을 주는 유일한 상대가 있었다고 하는데요. 숙종 옆에 나란히 앉아 밥을 먹은 것은 물론, 항상 숙종의 곁을 지키며 초특급 특별대우를 받은 이 대상은 누구일까요?

고양이를 키우는 사람들을 가리켜 '집사'라고 부릅니다. 사람이 고양이의 주인인데도, 고양이를 '주인님'이라고 부르는 것은 얼핏 이해하기 어려운 듯합니다. 그렇지만 고양이의 성격을 아는 사람이라면 이해하기 어렵지 않을 것입니다. 고양이는 기분에 따라 친근감을 표하기도 하고 사나워지기도 하는, 도도함과 까칠함을 가지고 있기 때문입니다. 고양이의 이러한 성정은 이미 옛날부터 유명했던 것으로 보입니다. '이익'이라는 조선 시대의 학자가 쓴 《성호사설》이라는 책에 고양이의 성격에 대한 묘사가 드러나 있기 때문입니다. 그는 고양이를 가리켜 '성질이 매우 사납다. 여러 해를 길들여 친하게 만들었다 해도, 하루아침에 제 비위에 틀리면 갑자기 주인도 아는 체하지 않고 가버린다'고 묘사했습니다. 고양이의 '쿨함'이 드러나는 대목입니다.

　숙종도 이런 고양이의 까칠한 매력에 빠졌던 것 같습니다. 어느 날, 궁궐을 산책하던 숙종이 황금색 새끼 고양이를 발견하고는, 데려다 '금손이'라는 이름을 지어주고 각별히 보살피기 시작했다고 합니다. 숙종의 고양이 사랑이 어찌나 대단했던지, 당대에 쓰인 여러 책에서 금손이와 숙종의 사이에 대한 기록들이 발견되었습

니다. 숙종이 "금손아" 하고 부르면 숙종의 말귀를 알아듣는 듯 금손이가 쪼르르 달려왔다고 합니다. 그 누구도 감히 왕과 나란히 앉아 식사할 수 없었지만, 금손이는 항상 숙종 곁에서 식사하고, 밤에는 숙종의 머리맡에서 동그랗게 몸을 말고 잠들었습니다. 나랏일로 하루하루 고된 날들을 보내던 숙종에게 금손이는 좋은 친구가 되어주었습니다. 숙종은 금손이를 무릎 위에 올려두고 정사를 돌볼 만큼 금손이를 무척이나 사랑하는 '집사'였던 것입니다.

그런데 금손이에게 큰 슬픔이 닥쳤습니다. 숙종이 세상을 떠난 것입니다. 숙종을 더 이상 볼 수 없다는 것을 아는 것처럼 금손이는 슬퍼하며 울었다고 합니다. 숙종이 승하한 후 20일 동안 울며 아무것도 먹

지 않았다는 금손이도 결국 죽음을 맞게 됩니다. 그때 금손이의 모습은 바짝 말라 뼈가 보이고 털이 거칠어질 정도였다고 하니, '집사'를 잃은 금손이의 슬픔이 어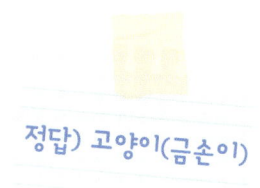
느 정도였을지 가늠할 수 있습니다. 살아생전 금손이를 사랑하는 숙종의 마음을 알고 있었던 아내 인원왕후는 금손이를 비단으로 감싸 숙종의 무덤 옆에 묻어주도록 지시했습니다. 하늘나라에서도 둘이 함께하길 바라는 마음이었을 것입니다. 정치적으로 숙종은 철권을 휘두르던 무서운 왕으로 평가되고 있습니다. 자신의 아내 중 한명이었던 '희빈 장씨'에게 사약을 내린 비정한 왕으로도 기록되어 있지요. 그렇지만 금손이에게만은 세상에서 가장 따뜻한 사람으로 기억되었을 것입니다.

05.

구곡교라는 이름의 다리가 ★아홉 번이나 꺾어진 충격적인 이유는?

중국 상하이에는 400년 전에 만들어진 유일한 전통 정원 '예원'이 있습니다. 이곳은 들어갈수록 아름다운 풍경이 펼쳐져서, '가면 갈수록 경치가 더해진다'는 뜻의 사자성어 '점입가경'의 유래가 되기도 했습니다. 예원으로 들어서는 입구에는 아홉 번 직각으로 꺾인 다리 '구곡교'가 놓여 있는데요. 이 다리를 아홉 번이나 꺾어 만든 이유는 무엇일까요?

중국 상하이를 여행하면, 필수 여행 코스로 꼽히는 곳 중 하나가 '예원'입니다. 이곳은 400년 전, 명나라의 고위 관료이자 당대 최고의 부자였던 '반윤단'이라는 사람이 부모님을 기쁘게 하고 편안한 노후를 보내실 수 있도록 하기 위해 만든 정원입니다. 이 정원을 완성하기까지 무려 18년이 걸렸을 정도로 정성을 다했다고 합니다. 당시 중국에서 제일가는 정원 설계자에게 설계를 맡기고, 반윤단이 직접 연못을 파고 누각을 짓고 숲을 만들었습니다. 덕분에 예원은 당시까지 건설된 중국 정원이 가진 아름다운 특징들을 모두 아우르게 되었습니다. 그렇지만 이곳은 아편전쟁이 발발한 후, 영국군에 의해 약탈당하고 이후 청나라 관군에 의해 파괴된 아픈 역사를 가지고 있기도 합니다. 현재에 남아 있는 예원은 1956년부터 중국 정부가 주도해 복구한 것이라고 하는데요. 비록 예원의 아름다운 옛 모습은 볼 수 없게 되었지만, 이곳은 여전히 사람들에게 사랑받는 관광지입니다.

이 예원으로 들어가기 위해서는 '구곡교'라는 다리를 통과해야 합니다. 다리가 아홉 번이나 직각으로 꺾여 있어서 이름도 '구곡교'라고 붙었습니다. 왜 예원으로 가는 다리를 일직선으로 내지 않고 아홉 번이나 꺾었을까요? 이 사연에 대해서는 서로 다른 두 가지의 이야기가 전해져 내려오고 있습니다. 첫 번째는 '강시의 침입을 막기 위해서'입니다. 반윤단은 명나라에서 제일가는 부자이자 관료였다고 앞서 설명했습니다. 지난 역사를 살펴보면, 권력가들이 많은 사람을 죽이면서 권력을 쌓아가는 것을 종종 볼 수 있습니다. 반 씨 집안도 예외는 아니었나 봅니다. 반 씨 가문에 의해 죽임을 당한 사람들이 강시가 되어 예원에 침입할 것이 두려워 다리를 아홉 번 꺾었다는 이야기가 전해지는 걸 보면 말입니다. 강시는 뻣뻣한 몸으로 한 방향으로만 깡충깡충 뛰는 귀신입니다. 그러니, 다리를 여러 번 꺾어 놓으면 방향을 바꿀 수 없는 강시는 그 다리를 건널 수 없게 되겠지요.

한편, 전혀 다른 이야기도 전해져 내려옵니다. 다리가 꺾일 때마다 보이는 풍경이 다르기 때문에, 다양한 풍경을 감상할 수 있도록 아홉 번 꺾은 것이라는 설

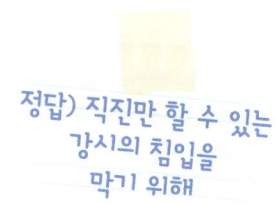

입니다. 이 또한 설득력을 가지는 이야기입니다. 왜냐하면, 예원은 멋과 운치 있는 풍경으로 유명해, '차차 좋은 지경으로 들어간다'는 뜻의 사자성어 '점입가경'이 유래된 곳이기 때문입니다. 그러니 예원을 들고 날 때 주변의 다채로운 풍경을 충분히 볼 수 있게 하려면 다리도 여러 번 꺾여야 할 것입니다. 어느 쪽의 이야기가 정답인지 알 수는 없지만, 흥미로운 이야기가 덧붙여질 정도로 구곡교는 특별한 것임에 틀림없습니다. 그러니 사람들의 상상력이 동원되고, 많은 사람이 구곡교를 건너 예원에 들어가기 위해 매년 상하이를 찾는 것은 아닐까요?

06.

밸런타인데이로 알려진 2월 14일은 사실 아픈 역사의 날이다?

많은 사람이 매년 2월 14일이면 '밸런타인데이'를 기념합니다. 초콜릿을 주며 사랑을 고백하는 날로 널리 알려져 있기 때문이지요. 그런데 사실 이 날은 한국인들에게는 그보다 더 특별한 의미를 가진 날이라고 합니다. 대한민국 국민이라면 반드시 알아야 하는, 조국의 독립을 위한 아픈 역사가 깃든 2월 14일은 어떤 날일까요?

매년 2월이 되면, '밸런타인데이'를 기념하려는 사람들로 상점이 북적입니다. 예쁘게 포장된 초콜렛을 사들고 연인이나 친구에게 사랑을 고백하기 위해서이지요. 언제부터 밸런타인데이에 초콜릿을 주고받는 풍습이 시작된 것일까요? 사실 밸런타인데이는 서기 3세기, 교황이 내린 금혼령 때문에 결혼할 수 없게 된 연인들을 교회에서 몰래 결혼시켜주다가 처형당한 '밸런티노 주교'를 기리고자 만들어진 날입니다. 이 기념일은 어느 일본의 제과 회사가 '밸런타인데이에 초콜릿으로 사랑을 전하라'고 마케팅한 것을 계기로 의미가 변질되었습니다. 밸런타인데이는 원래 초콜릿을 주고받는 날이 아니라, 밸런타인 주교가 사랑의 결실을 맺지 못하는 젊은 연인들을 안타깝게 여겼던 마음을 기억하기 위해 만들어진 날이었습니다.

그런데 한국인에게도 밸런타인데이인 2월 14일은 무척이나 특별한 의미를 갖고 있습니다. 슬프게도 이에 대해 아는 사람은 거의 없지만 말이지요. 2월 14일은 다름 아닌, 안중근 의사가 사형 선고를 받은 날입니다. 우리나라 근대사에서 아픈 기억으로 남은 일이지요. 안중근 의사는 1879년 2월, 황해도 해주에서 태어났습니다. 1905년, 일본이 대한제국의 국권을 강제로 뺏어간 을사조약이 체결되자, 안중근 의사는 운영하던 석탄 가게를 팔아 학교를 세우고 인재를 키웠습니다. 그러다 조국의 상황이 매우 안 좋아지자, 1907년에 연해주로 건너가 직접 의

병운동에 참여하기 시작했습니다.

　안중근 의사는 1909년 10월 26일, 중국 하얼빈역에서 이토 히로부미를 저격하여 사살했습니다. 이토 히로부미는 조선의 식민지화를 주도했던 일본의 정치가였습니다. 안중근 의사의 의거는 일본에 엄청난 충격을 안겨준 동시에 나라 잃은 슬픔에 빠져 있던 조선인들의 마음속에 희망과 용기의 불씨를 당겼습니다. 안중근 의사는 의거를 일으키기 전, 동지들과 함께 거사를 꼭 성공시킬 것을 다짐하며, 왼손의 네 번째 손가락을 잘랐습니다. 그만큼 조국 독립을 향한 안중근 의사의 의지는 결연하고 굳건했습니다.

　이토 히로부미를 제거한 후 안 의사는 현장에서 러시아 헌병들에게 체포됩니다. 그 후 일본군에게 넘겨진 안 의사는 중국 뤼순 감옥의 독방에 투옥되었습니다. 다음 해 1910년, 안중근 의사가 이토 히로부미를 저격한 사건에 대해 재판이 진행됩니다. 안중근 의사는 법정에서도 굽힘이 없었습니다. 이토 히로부미가 저지른 15가지의 죄목을 조목조목 지적하며 전 세계에 일제의 만행을 알리고자 했습니다. 그리고 '대한의군 참모중장의 자격으로 적장 이토를 처단하였다'고 떳떳한 태도를 보였습니다. 여섯 차례의 재판 끝에 1910년 2월 14일, 안중근 의사에게 사형이 선고되었습니다. 그리고 선고 42일 만인 3월 26일, 안중근 의사는 32세의 젊은 나이로 순국하였습니다.

안중근 의사는 죽음을 앞둔 순간에도 조국을 생각하는 마음뿐이었습니다. 사형이 집행되기 전, 안 의사를 찾아온 두 동생에게 이런 유언을 남겼습니다.

"내가 죽은 뒤에 나의 뼈를 하얼빈 공원 곁에 묻어두었다가, 우리 국권이 회복되거든 고국으로 반장(타지에서 죽은 사람을 고향으로 옮겨서 장사 지냄)해다오. 내가 천국에 가서도 또한 마땅히 우리나라의 회복을 위해 힘쓸 것이다."

안타깝게도 안중근 의사의 유언은 아직 지켜지지 못하고 있습니다. 안중근 의사의 시신이 묻힌 곳이 알려지면, 한국인들이 이곳을 중심으로 똘똘 뭉쳐 더욱 거센 독립운동을 전개할 것을 일본인들이 우려했기 때문입니다. 그래서 가족들에게도 안 의사의 시신을 전해주지 않고, 뤼순 감옥 담장 바깥 어딘가에 묻어버렸습니다. 이 때문에 안중근 의사가 어디에 잠들어 있는지 정확히 알 수 없게 되어버렸습니다.

안중근

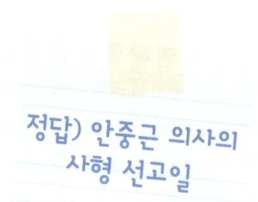
정답) 안중근 의사의 사형 선고일

　비록 안중근 의사의 유해가 묻힌 곳은 잊혔지만, 나라를 위해 목숨 바쳐 싸웠던 위인들이 있었다는 사실까지 잊어서는 안 됩니다. 역사를 잊은 민족에게 미래는 없습니다. 앞으로는, 사랑하는 사람을 생각하며 초콜릿을 준비하는 밸런타인데이에 대한민국을 사랑했던 안중근 의사의 마음도 함께 떠올려보는 건 어떨까요?

07.

조선총독부 건물 철거 시, 대통령이 했던 폭탄 발언은?

우리나라 14대 대통령, 김영삼 대통령은 대통령으로 일할 당시, 일본에 대해 단호한 태도를 취했습니다. 대표적인 일화로 일제가 조선의 정신을 빼앗기 위해 세웠던 '조선총독부' 건물을 철거하기로 결정한 것이 있습니다. 이에 대해 일본의 반발도 만만치 않았는데요. 일본은 한국의 국권을 침탈했던 일을 두고 '좋은 일을 했다'며 뻔뻔한 태도로 나섰죠. 이에 김 대통령도 물러서지 않고 강하게 응수했습니다. 이때 그가 했던 폭탄 발언은 무엇이었을까요?

경복궁은 우리나라를 대표하는 궁궐입니다. 조선을 건국한 태조 이성계가 한양(지금의 서울)으로 도읍을 옮긴 후 지은 궁궐이기도 합니다. 경복궁의 정문이 바로 '광화문'입니다. 임금이 업무를 보던 '근정전'은 정문인 광화문과 일직선상에 놓이도록 설계되었습니다. 임금이 근정전의 높은 자리에 앉아 광화문과 그 앞에 펼쳐진 육조 거리(현재의 세종로)까지 한눈에 내려다보도록 하기 위해서였죠.

그런데 이 경복궁에는 슬픈 역사가 숨어 있습니다. 일제강점기 때, 일본이 우리 민족을 탄압하고 약탈하기 위해 조선총독부 건물을 경복궁 앞뜰에 떡하니 세운 것입니다. 심지어 건물을 가린다는 이유로 광화문을 해체해 동쪽으로 이전시켜버리기까지 했습니다. 이를 바라보는

경복궁

조선 사람들의 상처는 깊어만 갔습니다. 나라를 빼앗긴 것도 서러운데 궁궐까지 가려졌으니 가슴을 칠 수밖에 없었던 것이죠.

1945년, 우리나라는 광복을 맞았습니다. 당장이라도 조선총독부 건물을 없애버리고 싶은 마음이 솟구쳤지만 실행에 옮기기가 어려웠습니다. 갑작스럽게 해방을 맞이했기에 새로 들어선 정부가 일할 곳이 없었기 때문입니다. 그래서 이 건물에서 헌법을 만들고, 대한민국 정부 수립을 준비했습니다. 1982년 새로운 정부청사가 완공될 때까지, '울며 겨자 먹기'로 조선총독부 건물을 사용할 수밖에 없었던 것입니다.

정부가 새 건물로 모두 이사 가고 텅 비어버린 조선총독부 건물은 이후 국립중앙박물관 건물로 사용되었습니다. 그러다 김영삼 대통령이 당선되면서 이 건물을 아예 없애야 한다는 국민들의 요구가 높아졌습니다. 김영삼 대통령도 이에 대해 '역사를 바로 세우겠다'는 의지를 내보였죠. 군인 출신의 대통령이 나라를 통치하는 '군사 정권' 시기가 끝나고, 일반 사람이 민주적인 방법으로 대통령에 선출되었기 때문에 가능한 일이었습니다. 1995년, 김영삼 대통령은 조선총독부 건물을 철거하겠다고 선언합니다. 그해 광복절, 조선총독부 건물에서 가장 높은 곳에 위치한 '첨탑'을 떼어내면서 철거 작업이 시작되었습니다.

이러한 결정에 대해, 일본의 일부 정치인들이 거세게 반발했습니다. 지나간 역사에 대한 반성은커녕, 헛소리를 해대기 일쑤였죠. 이러한 상황을 알고 있었던 김영삼 대통령은 강한 태도로 대응했습니다. "일본의 버르장머리를 고쳐놓겠다"며 직설적인 말을 서슴지 않았던 것이죠. 대통령의 이 한마디는 일본의 '망언'에 화가 나 있던 온 국민의 속을 시원하게 뚫어주었습니다. '버르장머리'는 손윗사람이 아랫사람의 나쁜 버릇을 꾸짖을 때나 쓰는 말이었기에 그 의미가 더욱 크게 다가왔죠.

김영삼 대통령은 임기 말, 'IMF 사태'라는 최악의 경제 위기를 맞으며 엄청난 비판을 받았습니다. 이 때문에 김 전 대통령에 대한 사람들의 평가는 여러 갈래로 엇갈리게 됩니다. 하지만 일본 제국주의가 우리에게 남긴 잔재를 청산하겠다는 강한 의지를 보였던 것은 분명 그가 남긴 업적이었습니다. 김영삼 전 대통령은 2015년, 88세의 나이로 서거하였습니다. 한국 현대사의 한 페이지가 넘어간 순간이었죠. 일본을 강하게 꾸짖었던 인물은 떠나갔지만, 우리 역사의 잘못된

점을 바로잡으려는 노력은 계속해서 이어져야 할 것입니다.

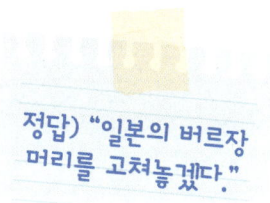
정답) "일본의 버르장머리를 고쳐놓겠다."

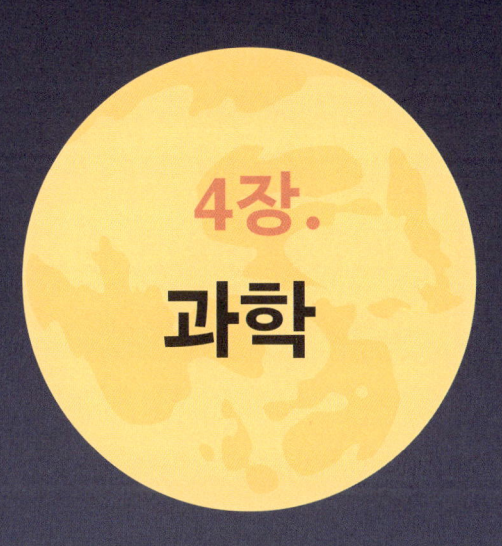

4장.
과학

과학

01.

제네바 선언에 명시된
인간의 생명이 시작된 순간은
언제부터일까?

오른손바닥을 가슴팍까지 들고 '선서!'라고 외쳐본 경험, 한 번쯤은 있을 텐데요. 선서는 어떤 일을 시작하기에 앞서, 자신의 마음가짐을 사람들에게 널리 선언할 때 치르는 의식이죠. 의사들도 본격적인 의술 활동을 펼치기 전, '제네바 선언'을 낭독하며 의사로서의 다짐을 선언합니다. 이 제네바 선언에는 의사들이 지켜야 할 윤리가 담겨 있는데요. 이 선언에서는 인간의 생명이 시작되는 순간을 언제부터로 정하고 있을까요?

히틀러가 이끄는 독일의 '나치스'는 유대인들을 학살하고 탄압했습니다. 유대인들은 그저 유대인이라는 이유만으로 수용소에 갇히거나 생체실험의 대상이 되었습니다. 이때, 일부 의료인들이 나치스의 반인륜적인 활동에 참여하였습니다. 2차 세계대전이 끝난 후, 독일이 패망하면서 유대인 탄압도 비로소 막을 내렸습니다. 전 세계의 의사들은 나치스에 협력했던 의료인들의 행동에 대해 같은 의사로서 반성했습니다. 그리고 앞으로 같은 일이 반복되지 않도록 규칙을 정하기로 했습니다. 그렇게 탄생한 것이 세계의사협회에서 만든 '제네바 선언'입니다. 이 선언에는 생명을 존중하고 환자를 보호하는 의무를 지키자는 내용이 담겨 있습니다.

제네바 선언은 사실 '히포크라테스 선서'를 바탕으로 만들어졌습니다. 히포크라테스가 누구냐고요? 그는 기원전 460년경 태어난 고대 그리스인입니다. 대대로 의사를 한 집안 내력에 따라 그도 의사가 되었습니다. 흔히 그를 가리켜 '현대 의학의 아버지'라고 부르는데요. 아주 먼 옛날 사람이 어떻게 현대 의학에 영향을 미칠 수 있었을까요? 그 이유는, 그가 질병은 신이 내린 벌이 아니라고 처음으로 선언한 사람이기 때문입니다.

히포크라테스

그가 활동했던 시기의 사람들은 질병에 걸린 것은 신을 화나게 했기 때문이라고 굳게 믿었습니다. 그래서 병을 고치려면 신에게 용서를 빌거나 주문을 외워야 한다고 생각했습니다. 하지만 히포크라테스는 주문을 외우는 대신 환자를 자세히 관찰했습니다. 그리고 병에 걸린 원인을 찾아내 그에 맞는 치료법을 처방했습니다. 그는 환자에게 해가 되는 처방을 내려서는 안 된다고 생각했습니다. 환자의 병을 낫게 하지는 못할지언정 악화시키지는 말자고 다짐했죠. 환자의 건강을 무엇보다 우선시하는 그의 생각이 현재까지 이어져 '제네바 선언'에도 반영된 것입니다.

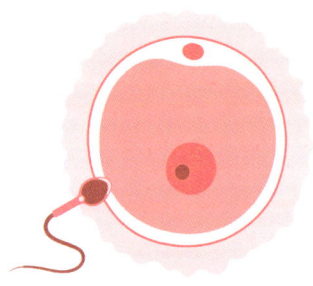

제네바 선언은 환자의 건강과 생명을 무엇보다 중요하게 생각하자는 다짐을 담고 있습니다. 그런 의미에서, 인간의 생명을 '수태'된 때로부터 시작되는 것으로 보기로 했습니다. '수태'는 정자와 난자가 만나 수정란이 된 후, 1~2주 안에 자궁에 착상하는 것까지를 말합니다. 아주 작은 수정란일 때부터 인간의 삶이 이미 시작되었다고 생각하는 것입니다. 환자의 건강을 지키고 생명을 존중하기 위해 최선을 다하겠다는 의사들의 마음가짐이 묻어나는 듯합니다. 우리도 살아 있는 모든 것을 소중하게 여기겠다는 마음을 담아 선서해보는 건 어떨까요? 어떠한 이유에서건 생명을 함부로 해치는 일이 역사 속에서 다시 반복되지 않도록 말입니다.

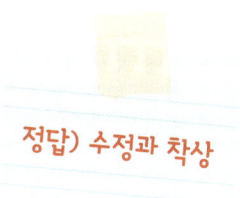
정답) 수정과 착상

02.

"주차 어디에 했더라?"
주차장에서 내 차를 한번에 찾는 방법은?

부모님과 함께 마트에 가는 건 정말 신나는 일입니다. 먹고 싶은 것을 카트에 잔뜩 담을 수 있고, 사고 싶었던 것을 사달라고 조를 수 있는 절호의 기회니까요. 신나는 쇼핑을 마치고 주차장으로 들어섰는데, 웬걸! 어디에 차를 세워두었는지 도통 기억나지 않네요. 넓은 주차장을 아무리 헤집어도 차를 찾을 수 없을 때는 정말 난감한데요. 이럴 때, 단숨에 차를 찾을 수 있는 방법이 있습니다. 스마트키의 신호가 도달하는 거리를 순간적으로 늘리는 것인데요. 어떻게 하면 스마트키의 신호가 도달하는 거리를 늘릴 수 있을까요?

머리가 큰 친구들은 종종 '큰바위얼굴'이라고 놀림 받곤 합니다. 어른들은 머리 크기만 보고 '장군감'이라고 치켜세우지만, 이 또한 썩 기분 좋은 칭찬은 아닙니다. 때때로 큰 머리를 물려준 부모님을 원망하게 되기도 하죠. 그런데 머리가 커 놀림을 받던 친구들에게 희소식이 하나 있습니다. 큰 머리가 아주 좋은 쓰임새가 있다고 하는데요. 바로, 머리를 안테나로 사용할 수 있다는 것입니다. 그게 머리 크기와 무슨 상관이냐고요? 머리가 클수록 신호가 도달하는 거리가 늘어나 더욱 효과적이기 때문이죠!

가끔 주차장에서 차를 찾을 수 없어 난감해하는 부모님의 모습을 볼 때가 있습니다. 이때, 머리에 스마트키를 갖다 대면 차를 쉽게 찾을

수 있습니다. 물론 머리가 큰 사람은 더 쉽게 차를 찾을 수 있습니다. 이런 이야기, 혹시 머리 큰 사람들이 지어낸 낭설은 아닐까요? 천만에요! 세계적인 신문사 〈뉴욕타임스〉, 〈내셔널 지오그래픽〉 등을 통해 이미 잘 알려진 객관적인 사실이랍니다. 그런데 어떤 원리로 사람의 머리를 안테나로 사용할 수 있는 걸까요?

우리의 뇌는 물을 가득 머금고 있습니다. 스마트키를 머리에 갖다 대고 누르면, 키에서 나오는 전자기파가 뇌 속의 물 분자를 활성화시킵니다. 물 분자는 활발하게 움직이면서 진동을 만들어냅니다. 이 진동이 스마트키의 신호를 크게 만들어주고, 더 멀리 도달할 수 있게 도와줍니다. 이런 원리에 따라 머리가 '안테나' 역할을 하는 것입니다.

이때, 입을 벌리면 더욱 효과 만점이라고 해요. 입이 '방향키' 역할을 하면서 파동을 원하는 방향으로 보내주기 때문이죠. 실제로 실험해본 결과, 허공에 대고 리모컨을 눌렀을 때는 신호가 80미터밖에 가지 못했지만, 리모컨을 머리에 대고 입을 벌린 상태로 누르자 신호가 125미터까지 도달했다고 하는군요. 주차장에서 써먹을 수 있는 아주 유용한 꿀팁이니 꼭 기억해두는 게 좋겠죠?

큰 머리를 가진 친구들, 이제 더 이상 아쉬워할 필요 없습니다. '큰 바위얼굴', '장군감'이라고 놀림 받더라도 기죽지 마세요. 언젠가 가족

들이나 친구들 앞에서 큰 머리가 가진 엄청난 능력을 보여줄 날이 올 테니까요.

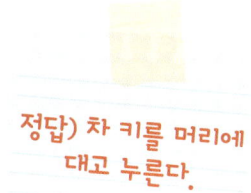
정답) 차 키를 머리에 대고 누른다.

03.

⭐ 스마트폰을 전자파 폭탄으로 만드는 '이곳'은 어디일까?

어느 날 갑자기 세상에서 스마트폰이 사라진다면 어떻게 될까요? 친구들과 메시지를 주고받을 수 없고, SNS를 확인할 수도 없게 될 것입니다. 또, 음악을 듣거나 재미있는 동영상을 보는 것도 힘들어지겠죠. 스마트폰이 없는 세상은 생각만 해도 지루하고 불편하게 느껴지는데요. 그런데 이렇게 편리한 스마트폰이 <u>우리의 건강을 위협하는 '무기'</u>가 될 수도 있다고 하는군요. '이곳'에만 들어가면 스마트폰이 '전자파 폭탄'으로 돌변하기 때문입니다. 스마트폰을 위험한 것으로 만드는 이곳은 어디일까요?

공공장소에서 지켜야 하는 예절을 '공중도덕'이라고 합니다. 예를 들면, 극장에 들어갈 때 차례차례 줄을 서거나 밀폐된 공간에서는 큰 소리로 떠들지 않는 것들이 있습니다. 특히, 엘리베이터나 지하철처럼 좁은 공간에 많은 사람이 모여 있을 때는 휴대폰으로 통화하는 것도 최대한 피해야 합니다. 다른 사람들을 배려하기 위해서죠. 그런데 사실 엘리베이터 안에서 통화하는 것은 나 자신의 건강을 위해서라도 꼭 피해야 합니다. 그 이유는, 엘리베이터 안에서 통화를 하면 밖에서 통화할 때보다 전자파 세기가 약 80배 넘게 증가하기 때문입니다.

　　왜 이런 현상이 나타나는 걸까요? 이유는 밀폐된 공간에서는 스마트폰이 전파를 수신하기가 어려워지기 때문입니다. 철로 된 엘리베이터 안에서 외부의 신호를 잡아야 하니, 스마트폰은 더 큰 힘으로 전파를 내보냅니다. 그래서 전자파가 엄청나게 강해지는 것인데요. 조금 더 쉽게 설명해볼까요? 여러분이 방문을 꼭 닫은 채로 방 안에 들어가 있다고 상상해봅시다. 밖에서 엄마가 여러분을 부르는 소리가 들려옵니다. 이때, 평소와 같은 목소리 크기로 대답한다면 엄마는 여러분의 말을 듣지 못할 거예요. 평소보다 몇 배는 더 큰 소리로 대답해야 엄마와 대화할 수 있겠죠.

　　목소리를 크게 내는 건 목을 조금 아프게 할 뿐 우리의 건강을 해치지는 않습니다. 하지만 전자파는 다릅니다. 세계보건기구에서는 전자

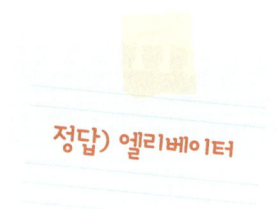

파를 암을 발생시키는 위험한 물질로 분류했습니다. 심지어 아이들의 경우 약 2분의 휴대전화 통화만으로도 최대 한 시간 동안 뇌 활동이 방해받을 수 있다고 합니다. 스마트폰이 우리의 건강을 위협한다는 사실은 분명하죠.

그렇다면, 건강을 지키면서 스마트폰을 사용하려면 어떻게 해야 할까요? 우선, 밀폐된 공간에서는 스마트폰 사용을 자제해야 합니다. **특히, 엘리베이터나 지하철처럼 금속으로 만들어진 공간에서는 더더욱 스마트폰을 사용하지 말아야 합니다.** 어쩔 수 없이 통화를 하더라도 스마트폰을 얼굴에 직접 갖다 대지 않는 것이 좋습니다. 대신, 헤드폰이나 이어폰을 착용하는 것이 좋겠죠. 하지만 무엇보다 중요한 것은 평소 스마트폰 사용 시간을 줄여보는 것이죠. 스마트폰이 내뿜는 전자파에 우리도 모르는 새에 건강이 위협받고 있으니까요.

04.

전 세계 어딜 가나 동일한 병뚜껑의 숨은 비밀은 무엇일까?

'펑!'

유리병을 꽉 물고 있는 병뚜껑을 딸 때 나는 소리는 정말 청량합니다. 마른 목을 금방이라도 적시고 싶을 만큼 시원한 소리입니다. 그런데 우리가 무심코 버리는 '왕관 모양 병뚜껑'에는 사실 비밀이 하나 숨겨져 있습니다. 게다가 이 비밀은 전 세계 어딜 가나 동일하게 적용된다고 하는데요. 병이 크든 작든, 어떤 내용물을 담고 있든 관계없이, 모든 병뚜껑이 가지고 있는 이 비밀은 무엇일까요?

우리의 일상생활 곳곳에는 수학의 원리가 숨어 있습니다. 예를 들어, 맨홀 뚜껑은 어느 나라를 가든 모두 '원' 모양인데요. 이것은 원이 가진 특징 때문입니다. 원은 중심으로부터 어느 방향으로 폭을 재든 지름이 일정합니다. 그래서 맨홀 뚜껑을 원 모양으로 만들면 뚜껑이 구멍으로 쏙 빠져 버릴 일이 없습니다. 만약 맨홀 뚜껑을 삼각형이나 사각형과 같은 다각형으로 만들었다가는, 폭이 더 긴 쪽으로 뚜껑이 빠져버릴 위험이 있습니다. 우리 주변에서 어렵지 않게 찾아볼 수 있는 맨홀 뚜껑에 신기한 수학의 원리가 숨어 있는 것입니다. 수학의 비밀이 숨겨진 곳은 이뿐만이 아닙니다. 무심코 지나쳤던 사소한 물건들에서도 수학의 '마법'을 종종 발견할 수 있습니다.

맨홀

납작한 알루미늄 병뚜껑은 1892년에 처음 발명되었습니다. 당시 서양에서는 탄산음료를 유리병에 넣어 팔고 있었습니다. 탄산음료의 큰 인기에도 불구하고, 보관할 방법이 여의치 않았습니다. 마개가 부실해 내용물이 상하거나 흘러나오는 일이 다반사였죠. 어떻게 하면 탄산음료를 잘 보관할 수 있을지 고심하던 중, 미국 시카고에 살던 농부 '윌리엄 페인터'가 '왕관 병뚜껑'을 발명하였습니다. 이 왕관 병뚜껑은 병 위에 알루미늄 뚜껑을 씌운 다음, 둘레를 꽉 찍어서 왕관 모양으로 만든 것이었습니다. 이때 발명된 왕관 병뚜껑은 100년이 훌쩍 넘은 현재까지 사용될 정도로 완벽한 것이었습니다. 그의 발명품 덕분에 탄산음료를 보관하는 문제가 영영 해결된 것입니다.

　　이 병뚜껑이 완벽한 발명품으로 남을 수 있었던 이유는 순전히 '수학' 덕분이었습니다. 왕관 병뚜껑의 둘레에 비죽배죽 솟아 있는 톱니 수는 항상 '21개'입니다. 이 숫자는 병의 크기와도 상관없고 전 세계 어딜 가나 항상 동일합니다. 왜일까요? 이유는, 삼각형의 '꼭지점'에 있습니다.

　　윌리엄 페인터는 원에 내접하는 정삼각형을 여러 개 그린 후, 이들의 꼭짓점을 연결해 톱니 수를 계산했습니다. 톱니 수는 3의 배수로 만들어졌습니다. 그는 3, 6, 9, 12, 15, 18, 21, 24개의 톱니를 가진 뚜껑을 하나씩 만들어 실험해보았습니다. 그 결과, 톱니 수가 적으면 밀봉이

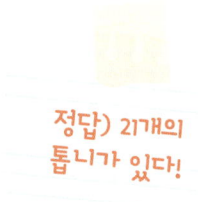

정답) 21개의 톱니가 있다!

잘 안 되고, 톱니 수가 많으면 뚜껑이 너무 단단해 따기 어려웠습니다. 수백 번의 실험 끝에 톱니 수가 21개일 때 병뚜껑이 가장 완벽하게 기능한다는 것을 밝혀냈습니다.

병뚜껑의 톱니가 전 세계 어딜 가나 21개로 똑같다는 것도 놀라운데, 그 속에 오랜 역사와 수학의 원리까지 담겨 있다니. 병뚜껑에 숨겨진 수학적 비밀을 알고 나니 새삼 병뚜껑이 달라 보이는 것 같습니다.

05.

★GPS 신호를 차단해 위치추적을 피하는 가장 쉬운 방법은?

2019년 개봉한 영화 <극한직업>에는 마약반 형사 '마 형사'가 악당들에게 납치된 장면이 나옵니다. 동료 형사들이 마 형사를 찾기 위해 노력하던 중, 마 형사의 스마트폰에 '커플 위치추적' 어플리케이션이 설치되었다는 사실을 생각해냅니다. 이 어플리케이션을 통해 마 형사의 위치를 파악한 동료 형사들은 납치 장소로 출동해 마 형사를 구출해내죠. 마 형사를 구출할 수 있었던 건 GPS 위성에서 보내는 신호를 이용해 현재 위치를 계산하는 기능 덕분이었습니다. 그런데 '이 방법'을 사용하면 GPS 신호를 차단해 위치를 추적하지 못한다고 하는데요. 이 방법은 무엇일까요?

평소에 자주 쓰던 물건이 며칠 새에 감쪽같이 사라질 때가 있습니다. 물건에 발이라도 달렸는지 아무리 샅샅이 뒤져보아도 찾을 수 없죠. 그럴 땐, 모든 물건에 '위치추적 장치'가 달려 있으면 좋겠다는 생각이 듭니다. 마치 영화에서 악당들을 잡으러 갈 때, 위치추적 장치의 화면에 표시된 악당의 위치를 보고 달려가는 것처럼 말입니다.

하지만 이제 이런 일은 영화에서나 볼 수 있는 일은 아닙니다. 일반인들도 스마트폰으로 위치추적을 할 수 있게 되었기 때문이죠. 주로 아이의 안전을 걱정하는 부모나 서로의 사랑을 확인하고 싶은 커플이 이러한 위치추적 서비스를 사용하고 있다고 합니다. 그런데 때로 자신이 어디에 있는지 알리고 싶지 않을 수도 있을 텐데요. 그럴 때 요긴하게

사용할 수 있는 방법이 하나 있다고 합니다.

만약 여러분이 이 방법을 사용해보고 싶다면, 바로 슈퍼마켓으로 달려가야 합니다. 그리고 즐겨 먹던 봉지 과자를 2~3개 정도 사서 남김없이 먹어 치웁니다. 자, 이제 위치추적을 피하기 위한 준비가 모두 끝났습니다. 대관절 이게 무슨 소리냐고요? 여러분의 손에 들려 있는 '과자봉지'가 위치추적을 막아줄 수 있다는 이야기입니다!

알루미늄이나 금속 재질이 포함된 과자봉지는 전자기장이나 통신과 같은 외부 신호를 차단합니다. 그래서 과자봉지 안에 스마트폰을 넣어두면, GPS 위성에서 오는 신호를 스마트폰이 받을 수 없기 때문에 위치를 추적할 수 없습니다. 이때 꼭 기억해야 할 것은, 과자봉지를 반드시 두세 겹으로 겹쳐야 효과가 있다는 것입니다. 미국의 어느 연구소에서 실제로 실험해보았더니 한 장의 과자봉지로는 효과가 없었다고 합니다. 두세 겹으로 겹쳤을 때 비로소 위치추적 기능을 차단할 수 있

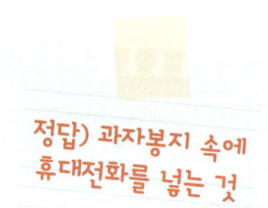
정답) 과자봉지 속에 휴대전화를 넣는 것

었다고 합니다.

일반 사람들이 스마트폰을 통해 다른 사람의 위치를 추적하려면, 상대방의 동의를 반드시 받아야만 합니다. 자칫 잘못 사용하다가는 사생활 침해나 범죄로 이어질 수 있기 때문이죠. 누군가가 24시간 동안 우리를 몰래 감시한다고 생각하면 괴롭고 무서울 것 같은데요. 어쩌면 우리에게 필요한 것은 위치추적을 막아줄 은박 과자봉지가 아니라, 상대방의 입장과 기분을 배려하는 마음일지 모르겠습니다.

06. 케이크를 가장 과학적으로 잘라먹는 방법은 무엇일까?

파티를 생각하면 곧이어 떠오르는 것이 있습니다. 바로 케이크입니다. 달콤하고 폭신한 빵 위에 알록달록한 색깔의 크림이 얹어져 있는 케이크는 보기만 해도 군침이 돕니다. 최근에는 케이크 위에 짧은 문구를 새겨 넣는 레터링 케이크나 왕관, 촛대 등의 장식품을 얹은 이색적인 케이크가 큰 인기를 끌고 있는데요. 그런데 이런 케이크를 과학적으로 잘라먹는 방법이 있다는 거 알고 있나요? 파티가 끝난 후에도 케이크를 오랫동안 신선하게 보관할 수 있는 이 방법은 무엇일까요?

매년 생일이 기다려지는 이유는 1년에 딱 한 번뿐인 데다, 생일 선물을 잔뜩 받을 수 있고 친구들에게 축하 인사를 받을 수 있기 때문이죠. 그리고 맛있는 케이크를 먹을 수 있기 때문이기도 한데요. 둥근 생일 케이크처럼 둥그렇게 모여 앉은 사람들의 박수를 받으며 촛불을 불 때만큼 신나는 순간이 없죠. 게다가 조각조각 자른 케이크를 한입 베어 물면, 그 달콤한 맛에 사르르 녹아버리는 것 같은 기분이 듭니다.

그런데 파티가 끝남과 동시에 케이크는 천덕꾸러기 신세가 되고 맙니다. 마치, 12시 종이 울리자 유리구두를 신은 공주에서 먼지를 뒤집어쓴 부엌데기가 되어버린 신데렐라처럼 말이죠. 그 이유는 남은 케이크를 보관하기 어렵기 때문인데요. 케이크 상자에 조심스레 넣어 냉장고에 넣어보아도, 다음 날이 되면 케이크가 잘린 단면은 건조하고 푸석푸석해지기 일쑤입니다. 어떨 땐, 크림과 빵이 범벅이 된 채로 흉측한 몰골이 되어버리기도 하죠. 불과 어제까지만 해도 우리를 행복하게 만들어줬던 케이크의 '몰락'을 지켜보는 것은 가슴 아픈 일입니다. 케이크를 처음과 똑같은 상태로 오래도록 신선하게 보관할 방법은 없는 걸까요?

20세기 초에도 이와 같은 고민을 한 사람이 있었습니다. 그는 케이크를 만드는 제빵사도, 케이크 먹는 것을 사랑했던 귀족도 아니었습니다. 탐험가이자 우생학자인 '프랜시스 골턴'이었죠. 프랜시스 골턴은 영국의 버밍햄에서 어느 은행가 집안의 자식으로 태어났습니다. 그의 사촌은 《종의 기원》이라는 책을 쓴 '찰스 다윈'이었죠. 골턴도 다윈 못지않게 위대한 업적을 세웠습니다. 바로, 일란성 쌍둥이를 연구해 인간의 능력이 유전된다는 것을 최초로 밝혀낸 것입니다. 그런 그가 '케이크를 과학적으로 자르는 방법'을 발표했다니 조금 놀랍기도 합니다. 정확히 알려진 바는 없지만, 아마 그도 케이크 먹는 것을 무척 좋아했나 봅니다.

그가 고안한 '케이크 잘 잘라 먹는 법'은 이렇습니다. 그동안 우리는 케이크를 자를 때 피자를 자를 때처럼 부채꼴 형태로 잘라왔습니다. 하지만 골턴은 '11자 자르기' 방식으로 자를 것을 제안했습니다. 이 방식은 아주 간단합니다. 케이크 중앙 부분을 '1자'로 두 번 칼질해 가운데를 덜어먹는 것이죠. 그리고 나서 남은 케이크 양쪽을 밀착시키면 잘라낸 단면이 공기 중에 노출되지 않습니다. 다시 꺼내 먹을 때는, 케이크를 90도로 회전해 지난번과 같이 가운데를 두 줄로 잘라줍니다. 그러면 남은 케이크는 4등분이 된 상태일 텐데요. 이 남은 네 조각을 또다시 서로 밀착시켜주면 잘라낸 단면이 숨겨지게 되죠.

이 방법을 사용하면, 파티가 끝난 다음 날에도 케이크의 '촉촉함'

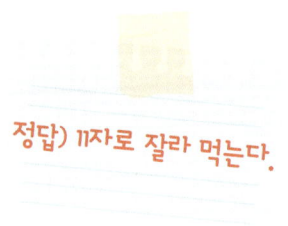

을 그대로 유지할 수 있다고 합니다. 프랜시스 골턴은 능력 있는 과학자답게 케이크도 아주 과학적으로 잘라 먹었던 것 같군요. 그의 아이디어 덕분에 우리도 촉촉하고 달콤한 케이크를 훨씬 더 오래 즐길 수 있게 되었습니다. 하지만 골턴이 알려준 방법대로 케이크를 자르지 못했다고 해서 좌절하지는 마세요! 그럴 땐 뒤집은 밀폐 용기 속에 케이크를 보관하는 방법도 있으니까요. 물론, 생일파티의 행복한 여운이 사라지기 전에, 케이크를 모두 먹는 것이 무엇보다 가장 좋은 방법이겠지만요.

과학

07.

SNS 챌린지 열풍을 일으킨
이 포즈에 숨겨진 인체의 비밀은?

SNS에서 챌린지 열풍이 불고 있습니다. '챌린지'는 주어진 과제를 해내는 것을 동영상으로 찍어 SNS에 올리는 것을 말하는데요. 챌린지가 시작되면 너도나도 이 대열에 합류합니다. 한때, 이 '포즈'를 따라하는 챌린지가 유행하며 SNS 상에서 엄청난 수의 조회수를 기록했다고 합니다. 이 챌린지의 인기 비결은 보는 사람들의 도전 욕구를 자극했기 때문이라고 하는데요. 이 포즈에 숨겨진 인체의 비밀은 무엇일까요?

수업 시간에 선생님 몰래 하는 장난만큼 즐거운 일은 없습니다. 다른 생각에 빠져들거나 손가락을 꼼지락거리다 보면, 어느새 지루한 수업 시간도 끝나게 되니까요. 이런 딴 짓, 혹시 해본 적 있나요? 책상 위에 있는 모든 물건을 세워보는 것입니다. 지우개, 펜, 필통까지 도저히 중심을 잡을 수 없을 것 같은 물건들은 처음에는 휘청휘청하지만 어느 지점에서 갑자기 '그대로 멈춰라!'가 되어버리죠. 이것이 가능한 이유는 그 물건의 '무게중심'을 찾았기 때문입니다. 무게중심이란 물체가 가진 무게의 중간 지점을 말합니다. 쉽게 말해, 어느 쪽으로도 무게가 치우치지 않고 균형을 잡는 지점입니다. 이 무게중심만 찾아낸다면, 아무리 울퉁불퉁한 물체라도 정지된 상태로 세울 수 있습니다.

무게중심은 우리 인체에도 존재합니다. 그런데 한 가지 흥미로운 사실은 여자와 남자의 신체는 무게중심이 서로 다른 곳에 위치해 있다는 것입니다. 여성의 무게중심은 배꼽보다 아래인 '골반'에 있습니다. 반대로, 남성의 무게중심은 배꼽보다 윗부분인 '어깨'와 '가슴'에 있죠. 이 무게중심의 차이 때문에 특정 포즈를 따라하는 것이 남자는 불가능할 수 있습니다. SNS에서 인기를 모은 챌린지 영상이 바로 이 예에 해당합니다.

이 챌린지에 나오는 포즈를 하는 방법은 무척 간단합니다. 우선, 무릎을 꿇습니다. 그 다음 양쪽 팔꿈치를 바닥에 두고 손바닥으로 턱을

감쌉니다. 그리고 등을 일으키면서 팔을 한쪽씩 등 뒤로 보냅니다. 이 자세에 도전한 수많은 사람 중 유독 남자들만 팔을 한쪽씩 등 뒤로 보내던 도중 앞으로 고꾸라졌습니다. 남성 신체의 무게중심은 윗부분에 있다 보니 지지대 역할을 하는 팔을 빼면 상체가 앞으로 쏠리는 거죠. 반면, 여성은 무게중심이 신체 아랫부분에 있어서 팔을 빼더라도 넘어지지 않고 버틸 수 있었습니다.

지금 바로 이 포즈를 따라해볼까요? 혹시라도 넘어질 수 있으니 푹신한 이불이나 매트를 깔면 좋겠죠. 결과는 성공인가요? 만약, 여러분이 남자인데도 성공했거나 여자인데도 성공하지 못했다고 해도 괜찮습니다. 혹시 자신이 여자가 아니거나 남자가 아니라고 의심할 필요 없

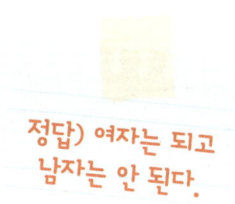
정답) 여자는 되고 남자는 안 된다.

다는 말이죠. 사람의 신체는 제각각 다르기 때문입니다. 또, 운동신경이 너무 좋다면 성별과 관계없이 이 자세를 성공할 수도 있습니다. 그저 재미삼아 가족, 친구, 연인과 함께 이 자세에 도전해보면 좋겠네요.

08.

캠핑에서 불쏘시개가 없을 때 대신 사용이 가능한 '이것'은?

가족이나 친구들과 캠핑을 떠나는 사람들이 늘고 있습니다. 집을 떠나 야외에서 하루 이상 꼬박 보내야 하기 때문에, 캠핑을 떠날 때는 여러 가지 물건을 잔뜩 싸가야 합니다. 그중에서도 절대 잊어서는 안 되는 준비물은 바로 불을 피우는 '숯'일 텐데요. 숯을 든든히 챙겨가더라도 가끔 불이 붙지 않아 애를 먹는 경우가 있습니다. 그럴 땐 포기하지 말고 '이것'을 이용해 불을 붙이면 된다고 합니다. 이것은 무엇일까요?

4장. 과학

캠핑은 정말 매력적인 야외 활동입니다. 일상에서 쉽게 마주할 수 없는 대자연에 둘러싸일 수 있고, 낯선 곳에서 하룻밤을 보낸다는 설렘도 느낄 수 있기 때문입니다. 무엇보다 캠핑이 기대되는 이유는 아마도 바비큐가 아닐까요? 집안에서 불을 활활 타오르게 만들어 음식을 해먹었다가는 집 전체가 연기로 자욱해질 테니까요. 야외 캠핑은 그럴 걱정이 없으니, 장작을 떼거나 숯을 사용해 고기를 불에 직접 구워먹는 꿀맛을 맛볼 수 있습니다.

그런데 바비큐를 할 때 이따금씩 불이 잘 붙지 않을 때가 있습니다. 캠핑 초보들이 가장 어려워하는 일이 불 붙이기라고 하는데요. 금방 활활 타오를 것만 같았던 숯이 어쩐지 힘을 내지 못하고 잔불만 내고 있는 것이죠. 이럴 때, '감자칩'만 있으면 만사해결입니다. 숯 위에 감자칩을 던져 넣고 불을 붙이면 금세 불이 활활 붙기 때문입니다. 그런데 바삭바삭하고 짭쪼름한 맛을 내는 감자칩이 어떻게 불을 붙이는 것을 도와주는 걸까요?

물질이 불에 잘 타기 위해서는 세 가지 조건이 필요합니다. 연료가 있어야 하고, 열이 높아야 하며, 산소가 필요하죠. 감자칩에는 '지방'이라는 영양소가 많이 들어 있습니다. 얇게 썬 감자를 기름에 푹 담가 튀겨내기 때문이죠. 이 지방은 불이 잘 붙는 성질을 가지고 있습니다. 그래서 감자칩을 연료 삼아 불을 붙이면, 지방이 산소와 열과 만나 반응하면서 불이 더 잘 붙게 되는 것입니다. 이러한 원리에 따라, 꼭 감자칩이 아니더라도 지방을 많이 함유했거나 나초와 같이 기름에 튀겨낸 과자들 모두 훌륭한 연료가 될 수 있다고 하는군요.

캠핑의 묘미는 역시 도구를 다양한 방법으로 활용하는 데에 있는

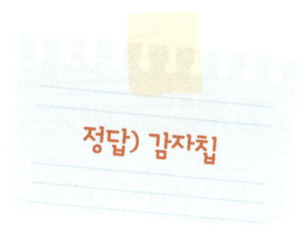

것 같습니다. 예를 들어, 국자가 없을 때 종이컵에 나무젓가락을 꽂아 사용하거나, 칼이 없을 때 신용카드에 알루미늄 호일을 감싸 칼처럼 쓰는 지혜를 발휘해 보는 거죠. 이런 걸 가리켜 우리는 '꿩 대신 닭', '이 없으면 잇몸으로 산다'고 말합니다.

너무 많은 물건이 넘쳐나는 세상에서 캠핑은 우리에게 부족함의 재미를 알려주는 활동인 것 같습니다. 때로는 부족함에서 더 많은 게 생겨나는 건지도 모르겠군요.

5장.
인물

01.

인물

모차르트와 히틀러의 숨겨진 공통점은?

친구와의 공통점을 찾아본 적 있나요? 점이 난 위치가 같다든지, 키가 비슷하다든지, 이름에 같은 글자가 들어간다든지 하는 것이요. 공통점을 찾으면 친구와 더 친밀해지는 느낌이 들고 정말 닮아가는 것 같기도 합니다. 그런데 전혀 어울리지 않을 것 같은 이 두 사람도 한 가지 공통점을 가지고 있었다고 합니다. 바로, 천재 작곡가 모차르트와 악명 높은 독재자 히틀러입니다. 외모도 다르고, 활동 시기와 역사적 평가까지 모두 다른 두 사람은 어떤 공통점을 가지고 있었던 걸까요?

위인전에 나오는 역사적인 인물들을 보면 문득 이런 생각을 하게 됩니다.

'이 사람들, 우리와 같은 인간이 맞을까?'

엄청난 업적을 남긴 위인들은 너무 완벽한 나머지, 마치 신처럼 보일 때가 있기 때문이죠. 하지만 유명인들의 숨겨져 있던 인간적인 면모가 뒤늦게 밝혀지기도 합니다. 예를 들면, 이순신 장군님이 서명을 연습한 종이가 발견되거나 세종대왕님이 고기를 엄청나게 사랑하는 '육식파'였다는 이야기가 드러나는 것처럼요. 시간이 흐른 뒤, 위인들의 빛나는 모습 뒤에 숨겨진 인간적인 면모가 드러나는 것은 우리나라만의 일은 아닙니다. 서양에서도 유명인들의 숨겨진 뒷이야기가 전해져 내려오기 때문이죠.

모차르트와 히틀러가 그 대표적인 예입니다. 게다가 이 둘의 비밀스러운 사생활은 서로 닮아 있다고 하는데요. 아름다운 음악을 작곡한 모차르트와 제2차 세계대전을 일으킨 독재자 히틀러 사이에 어떤 공통점이 있었던 걸까요? 이 둘의 숨은 공통점은 누구도 상상하지 못한 것이었습니다. **바로 둘 다 엄청난 '방귀쟁이'였다는 것입니다.** 도대체 얼마나 시도 때도 없이 방귀를 '뽕!' 하고 뀌어댔기에 이런 이야기가 전해져 내려오는 걸까요?

아돌프 히틀러는 독일의 정치가이자 독재자입니다. 그는 1889년 오스트리아의 작은 마을에서 태어났습니다. 원래 화가가 되고 싶었지만, 좀처럼 재능을 인정받지 못하고 군대에 입대하게 되었습니다. 그때까지만 해도 그가 정치가의 길을 걷게 될 것이라고는 아무도 생각지 못했겠죠. 히틀러는 목청껏 연설하는 모습으로 사람들의 마음을 사로잡았습니다. 하지만 그가 무척 자주 방귀를 뀐다는 사실을 아는 사람은 없었습니다. 그는 자신이 방귀쟁이라는 사실을 부끄러워했는데요. 이 사실을 감추려고 운동을 하고 약도 먹었지만, 방귀는 좀처럼 멎지 않았죠. 심지어 2차 대전이 끝나갈 때쯤 지하 벙커에 숨어 있는 상황에서도 그는 계속 방귀를 뀌었다고 합니다. 이 모습을 본 어느 독일군 장교가

자신의 일기장에 몰래 기록해놓았는데, 그만 이 일기장이 세상에 공개되어버리고 말았습니다. 히틀러가 자신이 방귀쟁이라는 사실을 철저히 숨기려 했던 것과 전혀 다른 결말이었죠.

아돌프 히틀러

볼프강 아마데우스 모차르트는 천재 작곡가입니다. 그는 1756년 오스트리아 잘츠부르크에서 태어났는데요. 바이올리니스트였던 아버지를 둔 덕에 어릴 때부터 음악 교육을 받으며 일찌감치 음악 신동으로 이름을 날렸습니다. 그런데 히틀러가 자신이 '방귀쟁이'라는 사실을 감추고 싶어 했던 것과 달리, 모차르트는 자신이 방귀쟁이라는 사실을 전혀 숨기지 않았습니다. 오히려 자신이 얼마나 방귀를 사랑하는지 모두에게 떠벌리고 다녔습니다. 친구들에게 편지를 쓸 때 자신이 얼마나 방귀를 많이 뀌었고, 냄새가 얼마나 지독했는지를 아주 자세히 적는가 하면, 26살이 되던 해에는 '똥'과 '방귀'에 관한 노래를 작사, 작곡할 정도였습니다. 35세에 요절한 모차르트가 조금만 더 오래 살았더라면 아마 '방귀'와 '똥'에 관한 더 많은 작품을

볼프강 아마데우스 모차르트

5장. 인물 | 137

남겼을지도 모르겠군요.

히틀러와 모차르트처럼 이름이 알려진 사람들은 종종 이러한 기이한 행동이나 습관을 가지고 있었습니다. 천재로 살거나 최고의 권력을 누린다는 게 항상 행복하기만 한 것은 아닌가 봅니다. 어쩌면 공부할 게 아직 많이 남아 있고, 부모님 잔소리도 실컷 들을 수 있는 우리의 평범한 삶이 더 행복할지도요.

02.

트럼프 대통령 집무실에 있던 ⭐빨간 버튼의 비밀은?

지난 2021년 미국의 제45대 대통령 도널드 트럼프가 임기를 마치고 퇴임했습니다. 그가 대통령으로 일하던 시절, <mark>백악관 집무실 책상 위에는 빨간 버튼이 하나 놓여 있었다</mark>고 하는데요. 트럼프를 제외한 모든 사람은 그 버튼이 어디에 쓰이는 것인지 궁금해했다고 합니다. 트럼프는 이 버튼을 두고 "나의 책상에는 북한의 핵 버튼보다 더 크고 강력한 버튼이 있다"고 말하기도 했습니다. 이 버튼의 용도는 무엇이었을까요?

버튼 하나만 '딱!' 누르면 원하는 것이 이루어지는 상상, 가끔씩 해 보곤 하죠. 버튼을 누르면 하기 싫은 숙제가 저절로 되어 있다거나, 그날 입고 나갈 옷이 알아서 준비된다든지요. 그런데 이런 상상이 실제 현실에서 벌어지고 있었다고 합니다. 도널드 트럼프 전 대통령이 그런 '버튼'을 가지고 있었다고 합니다. 그가 책상 위의 빨간색 작은 버튼을 누르면 무슨 일이 벌어졌을까요? 혹시, 세계 최강국의 대통령답게 버튼 하나로 핵무기 조종이라도 하는 걸까요? 당장 세계 어느 곳이든 파괴할 수 있는 미사일이나 로켓을 쏘아 올릴 수 있는 건 아니었을까요?

　어마어마한 기능을 가지고 있을 것 같았던 이 빨간 버튼의 정체는 사실 '콜라 버튼'입니다. 무슨 말이냐고요? 트럼프 전 대통령은 콜라를 무척 즐겨 마신다고 합니다. 그래서 콜라를 마시고 싶을 때 이 버튼을 누르면 비서가 바로 콜라를 대령하는 것이죠. 하루에 12캔의 다이어트 콜라를 마실 정도로 그의 콜라 사랑은 대단하다고 하는데요. 술을 절대 마시지 않는 '금주가'인 대신, 콜라에 있어서만큼은 '애호가'라고 하는군요. 그런 줄도 모르고 이 의문의 빨간 버튼은 한때 '핵무기 발사 버튼'으로 오해받기도 했습니다.

　도널드 트럼프는 대통령이 되기 전부터 이미 세계적인 유명인이었습니다. 1946년 뉴욕 퀸스

에서 태어난 그는 부동산 재벌인 아버지 밑에서 매우 부유하게 자랐습니다. 성인이 된 후에는 아버지의 사업을 물려받아 그 또한 부동산 재벌이 되었죠. 기업인으로 일하던 시절, 그는 자존심이 강한 '독불장군'으로 소문이 자자했습니다. 대통령이 된 후에도 그의 거침없는 성격은 변함없었습니다. 폭탄 발언을 서슴지 않아 그의 말 한마디에 전 세계의 분위기가 얼어붙기도 했습니다. 미국 사람들은 그가 대통령직을 맡을 자격이 없다며 비난했습니다. 그러니 트럼프가 가진 빨간 버튼의 정체를 사람들이 오해할 만도 했습니다.

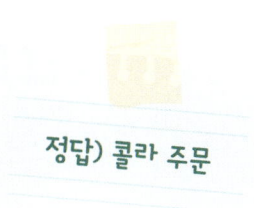

도널드 트럼프

그게 핵무기 버튼이 아니라는 사실이 알려지자 사람들은 비로소 안도했습니다. 화가 날 때마다 트럼프가 버튼을 눌러댄다면 아마 지구의 어느 나라도 남아나지 않게 될 테니까요. 버튼의 정체가 콜라 버튼이라는 게 밝혀지며 전쟁이 일어날 걱정은 조금 덜었지만, 트럼프 전 대통령의 치아 건강은 조금 걱정되는군요. 치과에 가는 건 무척 두려운 일이니까요.

03. 레오나르도 다빈치는 사실 '이것'을 앓는 환자였다?

르네상스는 '부활'을 뜻합니다. 유럽 중세시기에 억압되었던 예술을 다시 부활시키려고 했던 시기를 르네상스라고 부르는 것이죠. 이 시대를 풍미한 이탈리아의 거장이 바로 레오나르도 다빈치입니다. 그는 생물학, 물리학, 수학, 해부학, 건축학, 조각, 음악, 철학에 이르기까지 다양한 분야에서 활약하였는데요. 영국의 어느 연구팀에 따르면 레오나르도 다빈치가 가진 엄청난 천재성의 비밀은 그가 '이것'을 앓았기 때문일 것이라고 합니다. 이것은 무엇일까요?

방학이 되면 이런저런 계획들을 잔뜩 세우게 됩니다. 동그란 원을 잘게 쪼개어 시간계획표를 그려서 벽에 붙여두기도 합니다. 그렇지만 개학이 다가오면 막상 제대로 이루어낸 것이 없어 실망스러울 때가 더 많습니다. 그러면 이것저것 시작한 일만 많고 끝내지 못하는 자신이 싫어지기도 하는데요. 그렇다고 너무 슬퍼하지 말길 바랍니다. 당신이 천재라서 그럴 수 있으니까요! 대관절 이게 무슨 소리냐고요? 르네상스 시대를 이끈 천재, '레오나르도 다빈치'도 그랬기 때문입니다. 많은 일을 했지만 끈기 있게 해낸 일이 거의 없었던 것이죠. 그도 그런 자신의 모습이 탐탁지 않았는지, 일기에 이렇게 썼다고 합니다.

"뭐 하나라도 완성된 것이 있으면 말해봐… 말해봐… 말해봐……"

레오나르도 다빈치는 1452년 이탈리아 토스카나에서 태어났습니다. 그는 어릴 때부터 아이디어가 풍부한 아이였습니다. 다만, 작업을 끝마칠 인내심은 조금 부족했죠. 다빈치는 열다섯 살이 되던 해에 아버지의 친구에게서 미술 수업을 받았습니다. 이후 밀라노로 떠나 미

레오나르도 다빈치

술, 건축, 발명 등 다양한 분야에서 일하기 시작했죠. 그는 밤잠을 거의 이루지 못했습니다. 이미 벌여놓은 작업에 몰두하거나 새로운 계획들을 구상하느라 잠잘 시간이 없었던 것이죠. 하지만 일을 끝까지 완수한 것은 손에 꼽았습니다.

이런 다빈치의 모습은 '주의력결핍 과다행동장애(ADHD)'로 고통받는 사람들의 증상과 비슷하다고 합니다. 많은 일을 의욕적으로 시작했다가도 마무리하지 못하는 것이 ADHD의 대표적인 증상 중 하나이기 때문입니다. 이 때문에 영국의 한 대학 연구팀에서는 레오나르도 다빈치가 ADHD 환자였을 것이라는 분석을 내놓았습니다. 500년 전의 인물에게 정확한 진단을 내리는 것은 불가능한 일이긴 합니다. 다만, 다빈치의 67년 생애 중 완성한 작품이 15점밖에 남지 않았다는 점은 그가 ADHD 환자였을 것이라는 주장에 힘을 실어줍니다.

사람들은 ADHD를 마치 심각한 정신적인 문제인 것처럼 생각하곤 합니다. 레오나르도 다빈치도 21세기에 태어났다면, 말썽이나 일으키는 천덕꾸러기 신세가 되었을지 모릅니다. 하지만 다빈치는 비록 끈기는 조금 부족했을지언정, 일단 시작한 일에서는 엄청난 집중력을 발휘했습니다. 천사의 날개를 그리기 위해 실제 새를 잡아다가 몇 날 며칠 관찰했을 정도였죠.

모든 것은 우리의 관점에 달려 있습니다. 레오나르도 다빈치를 어떤 관점에서 보느냐에 따라 그는 천재가 될 수도 있고 환자가 될 수도 있습니다. 그의 능력을 있는 그대로 바라봐준 르네상스 시대의 사람들 덕분에 레오나르도 다빈치라는 거장이 탄생할 수 있었습니다. 우리도 우리 자신과 다른 사람들을 있는 그대로 바라봐주면 어떨까요? 미처 발견되지 않았던 재능이 날개를 달지 모릅니다.

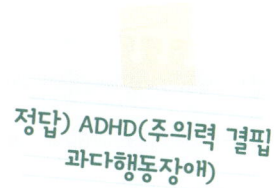

아놀드 슈왈제네거가 지방에 대해 내린 정의는 무엇일까?

탁월한 운동 능력을 가진 사람에게 우리는 '지구상에서 최고'라는 찬사를 보냅니다. 육상스타 우사인 볼트를 '지구에서 가장 빠른 인간'이라고 부르는 것이 좋은 예입니다. 영화배우 아놀드 슈왈제네거도 그런 사람 중 하나입니다. '지구상에서 가장 상체 근육이 발달한 사람'으로 기네스북에 기록되었기 때문이죠. 그런 그가 '지방'에 대해 이렇게 말했다고 하는데요. 최고의 '근육맨'으로 알려진 그가 지방을 가리켜 한 이 말은 무엇일까요?

영화 <터미네이터>의 마지막 장면은 사람들의 뇌리에 깊게 남아 있습니다. 터미네이터가 엄지를 치켜세운 채로 "I will be back"을 외치며 불 속으로 사라지는 장면 말입니다. 할리우드의 배우 아놀드 슈왈제네거가 이 '터미네이터'를 연기했습니다. 그는 배우가 되기 전부터 이미 보디빌딩 선수로 활약하고 있었습니다. 울퉁불퉁하고 단단한 근육을 가졌으니 터미네이터를 연기하기에 부족함이 없었죠. <터미네이터> 시리즈를 통해 세계적인 스타가 된 뒤, 그는 정치인으로 변신합니다. 오스트리아에서 태어난 그가 미국 캘리포니아의 주지사에 당선되자 전 세계 사람들은 깜짝 놀랐죠. 정치인이 된 그에게 사람들은 터미네이터(Terminator)와 주지자(Governor)를 합친 '거버네이터(Governator)'라는 별명을 붙여줬습니다.

그렇지만 아놀드 슈왈제네거가 처음부터 '근육맨'인 것은 아니었습니다. 오히려 그는 반에서 1등을 놓치지 않을 만큼 공부만 하던 모범생이었다고 해요. 어느 날, 그는 학교에서 열린 축구 시합에 참여했다가 운동의 재미를 알게 되었습니다. 그때부터 본격적으로 보디빌딩을 배우며 하루에 5~6시간씩 운동했습니다. 군대에 가서는 남들보다

아놀드 슈왈제네거

5장. 인물 | 147

1시간 일찍 일어나 달리기와 근력 운동을 했다고 합니다. 덕분에 그는 제대 후에 최고의 보디빌딩 선수가 될 수 있었습니다. 이처럼 몸매 관리에 최선을 다한 그는 유명한 말을 하나 남겼는데요. 바로, "흔들린다면 지방이다"라는 말입니다.

이 말에는 어떤 의미가 담겨 있을까요? 근육이 바짝 올라붙은 몸매로 가꾸려면 몸에서 지방이 차지하는 비율을 줄여야 합니다. 살이 출렁이는 곳이 그 어디에도 없어야 탄탄한 근육질의 몸을 가질 수 있겠죠. 그러려면 엄청난 양의 운동이 뒷받침되어야 합니다. 마치 아놀드 슈왈제네거가 그랬던 것처럼. 그러니, "흔들린다면 지방이다"라는 아놀드

슈왈제네거의 말은 '쉼 없이 꾸준히 운동하라'는 의미나 다름없겠네요.

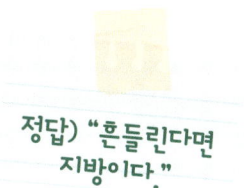

그러고 보면 우리는 어떤 일을 할 때 끝까지 최선을 다하지 않은 채로 포기해버리기 일쑤입니다. 혹은 약간의 노력만 들이고서 엄청나게 좋은 결과가 나오길 기대하죠. 원하는 결과를 얻기 위해서는 때로 아놀드 슈왈제네거처럼 엄격하고 진지한 태도가 필요합니다. 흔들리는 지방을 모두 없애기 위해 끊임없이 운동한 끝에 아놀드 슈왈제네거가 보디빌더, 할리우드 배우, 정치인이라는 꿈을 하나씩 이루어갈 수 있었던 것처럼 말입니다.

05.

천재 물리학자 스티븐 호킹이 생각하는 자신의 가장 큰 업적은?

물리학자 스티븐 호킹 박사는 우주를 연구하는 데 일평생을 바쳤습니다. 놀라운 것은 그가 21살 때 루게릭병으로 시한부 판정을 받았다는 것입니다. 그럼에도 불구하고, 그는 좌절하지 않고 많은 연구 업적을 남긴 후 76세의 나이로 세상을 떠났는데요. 그가 살아 있을 때, 어느 강연에서 남긴 말이 사람들을 무척 감동시켰다고 합니다. 자신의 가장 큰 업적을 '이것'이라고 생각한다고 말한 것인데요. 그가 생각한 그의 가장 큰 업적은 무엇이었을까요?

밤하늘을 올려다본 적 있나요? 반짝이는 별들을 가만히 바라보면, 별들이 사는 우주의 끝이 어디인지 문득 궁금해집니다. 아름답고 광활한 우주는 사람들에게 호기심을 불러일으킵니다. 천체물리학자들은 이러한 호기심과 궁금증을 풀기 위해 노력해왔습니다. 천재 물리학자 스티븐 호킹 박사도 우주를 연구하는 데 평생을 바친 사람 중 하나입니다. 특히 그는 '블랙홀은 그다지 검지 않다'는 이론으로 유명해졌습니다. 블랙홀은 무엇이든 빨아들이고, 심지어 빛까지도 삼켜버리는 것으로 알려져 있었습니다. 하지만 호킹 박사가 블랙홀이 열 복사에너지를 내보내기도 한다는 사실을 밝혀내어, 블랙홀은 항상 모든 걸 삼켜버리기만 하는 '검은 구멍'은 아니라는 사실이 알려지게 되었죠.

호킹 박사가 많은 사람에게 그의 이름을 알린 계기가 또 있었습니다. 그가 루게릭병 환자라는 사실입니다. 루게릭병은 근육이 점점 마비되다가 죽음에 이르는 무서운 병입니다. 스티븐 호킹 박사는 1942년 영국 옥스퍼드에서 태어나, 17살 때 옥스퍼드 대학교에 입학했습니다. 이후 케임브리지 대학원에 진학했는데, 이때 루게릭병을 진단받았습니다. 의사는 그에게 2년밖에 더 살지 못할 것이

스티븐 호킹

라고 이야기했습니다. 보통의 사람이라면 이 이야기를 듣고 절망감에 빠졌을 것입니다. 그런데 호킹 박사는 오히려 남은 삶에 더 집중하기로 결심합니다. 그리고 연구에 매진했죠.

그의 몸은 점차 굳어갔습니다. 나중에는 손가락 한두 개와 눈썹 근육 정도만 움직일 수 있었습니다. 설상가상으로, 폐렴에 걸려 목소리마저 잃어버렸습니다. 하지만 그는 연구를 그만두지 않았습니다. 특수 장치를 이용해 많은 책과 논문을 썼습니다. 2~3년 안에 죽을 것이라던 의사의 호언장담과 달리, 그는 76세까지 살았습니다. <mark>루게릭병을 진단받은 때로부터 무려 55년을 더 산 것이죠.</mark> 호킹 박사는 이를 두고, 자신의 가장 큰 업적은 '아직 살아 있다는 것'이라 말했습니다. 그만큼 대단한 일이었죠. 그가 삶을 포기하지 않은 덕분에 우리는 우주가 간직한 비밀을 조금 더 알 수 있게 되었습니다.

스티븐 호킹 박사를 보면 사람에게 한계란 없는 듯합니다. 특히, 육체에 한계가 있더라도 정신까지는 제한할 수 없다는 것을 알 수 있습니다. 그는 신체의 아주 일부분만을 사용할 수 있었지만, 그의 머릿속에는 크나큰 우주가 담겨 있었습니다. 삶의 역경을 이겨낼 의지도 우주의 크기만큼이나 컸습니다. 키가 작아서, 얼굴이 잘생기거나 예쁘지 않아서, 몸집이 왜소해서 '나는 할 수 없다'며 지레 포기해버리고 있지 않나요? 그렇다면, 스티븐 호킹 박사를 떠올려보세요. 어떠한 신체적 한

계도 우리의 의지와 정신력을 뛰어넘을 수는 없답니다.

정답) "나의 가장 큰 업적은 아직 내가 살아 있다는 것입니다."

06.

★괴짜 천재 일론 머스크가
두려움을 극복하려고 한 도전은?

최근 사람들의 입에 가장 자주 오르내리는 사업가를 꼽으라면 단연 '일론 머스크'일 것입니다. 그는 인간이 미래에는 화성에서 살게 될 것이라고 주장하는 괴짜 사업가입니다. 동시에, 엉뚱한 생각을 현실로 만들어내는 천재이기도 하죠. 그런 일론 머스크도 청년 시절, 심각한 고민에 빠졌다고 합니다. 회사를 세웠다가 쫄딱 망할까봐 걱정한 것인데요. 이런 두려움을 극복하려고 그는 나름의 도전 과제를 만들었다고 합니다. 일론 머스크가 했던 이 도전은 무엇일까요?

영화 <아이언맨> 본 사람이라면, 이런 생각을 해보게 됩니다.

'아이언맨 토니 스타크처럼 살아볼 수 있었으면!'

그도 그럴 것이 토니 스타크는 세계 최강의 무기업체 CEO인 동시에 천재적인 두뇌를 가진 엔지니어이기 때문입니다. 이런 캐릭터는 영화에서나 나올 법한데요. 실제 인물을 바탕으로 만들어졌다는 사실에 사람들은 놀랄 수밖에 없었습니다. 그 실제 인물이 바로 '일론 머스크'입니다. 일론 머스크는 1971년 남아프리카 공화국에서 태어났습니다. 어릴 때부터 이미 컴퓨터 프로그래밍에 남다른 소질을 보였다고 합니다. 24살이 되던 해, 그는 물리학 박사가 되기 위해 스탠퍼드 대학교에 입학했다가 이틀 만에 자퇴해버립니다. 물리학이 아닌, 자신이 좋아하는 인터넷과 관련된 회사를 창업하기 위해서였습니다.

자신만만하게 명문대를 뛰쳐나왔지만, 그는 덜컥 겁이 났습니다. 회사를 세웠다가 망해버린다면 가난한 삶을 살게 될까 두려웠던 것이죠. 심각하게 고민하던 그는 좋은 아이

일론 머스크

5장. 인물 | 155

디어를 떠올립니다. 자기 자신에게 도전 과제를 주는 것이었습니다. **이 과제의 이름은 '1달러 프로젝트'였습니다.** 과제는 간단했습니다. 하루를 1달러로 살아가기만 하면 되는 것이었습니다. 그는 곧장 대형 마트에 가서 인스턴트 음식과 과일을 30달러어치 샀습니다. 그리고 한 달 동안 그것들만 먹으며 생활해보았죠.

결과는 대성공이었습니다. 그는 먹고 싶은 음식을 많이 먹지 못해

도 충분히 살 수 있다는 것을 깨달았습니다. 스스로를 어려운 상황에 몰아넣고 테스트해본 결과, 컴퓨터만 있으면 행복하다는 것을 알게 된 것입니다. 자신이 진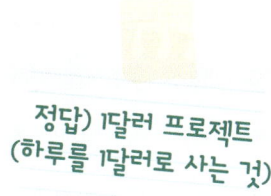
짜로 원하는 것은 컴퓨터라는 확신을 가진 일론 머스크는 그 길로 곧바로 회사를 창업했습니다. 이때 만든 회사는 장차 '페이팔'이라는 대기업으로 성장하게 됩니다. 그 후로도 일론 머스크는 여러 개의 회사를 차례차례 성공시켰습니다.

일론 머스크는 단지 타고난 머리와 재능만 가진 사람은 아니었습니다. 자신이 원하는 것을 하기 위해 한계를 시험해보는 용기와 결단력을 가진 사람이었습니다. 이것이 그가 억만장자이자 세계 부호 1위의 천재 사업가가 된 비결입니다.

사람들이 빌 게이츠를 '컴맹 유튜버'라고 부르는 까닭은?

세계적인 부호 빌 게이츠는 '마이크로소프트 사'를 설립한 기업가입니다. 우리가 컴퓨터를 사용할 때 많이 쓰는 프로그램은 대부분 빌 게이츠의 손에서 만들어졌데도 과언이 아니죠. 그런 그가 최근 또 다른 직업을 가졌다고 하는데요. 바로 '인기 유튜버'입니다. 그런데 그의 유튜버 채널의 충격적인 문제점이 알려지며 논란이 되고 있습니다. 구독자들은 그가 '컴맹이 아니냐'는 의혹을 제기하고 있다고 하는데요. 무엇 때문일까요?

사람들 사이에서 '부캐'를 가지는 것이 유행입니다. 부캐는 '부캐릭터'를 줄인 말로, 평소 자신이 하던 일과는 다른 새로운 것을 시도할 때 주로 사용합니다. 하나의 직업뿐만 아니라, 여러 직업을 가지고 자유롭게 일하는 사람이 많아지면서 부캐라는 말도 많이 쓰이는 듯합니다.

　부캐를 만드는 건, 이미 한 분야에서 정상의 자리를 꿰찬 사람에게도 예외는 아닌가 봅니다. 세계적인 부호이자 천재 프로그래머인 빌 게이츠도 부캐를 만들었기 때문입니다. 그는 수백만 구독자를 보유한 '인기 유튜버'로 변신했습니다. 원래 유명했던 사람답게, 초청하는 게스트의 스케일도 남다르다고 하는데요. 그런데 그가 이 부캐 때문에 도리어 '컴맹'이라는 소리를 듣고 있다고 합니다. 도대체 무슨 사연일까요?

　우선 빌 게이츠가 얼마나 대단한 사람인지 한 번 알아보죠. 그는 1955년 미국 시애틀에서 변호사의 아들로 태어났습니다. 어릴 때부터 남달리 총명했던 그는 하버드 대학교에 입학했습니다. 그런데 잘 다니던 대학을 돌연 자퇴하고는 '마이크로소프트'라는 회사를 설립합니다. 그리고 윈도우(Windows)라는 컴퓨터 운영체제 프로그램을 만들었습니다. 순식간

빌 게이츠

5장. 인물 | 159

에 디지털 세상의 제왕으로 떠오르며 세계 최고 갑부 중 한 사람이 되었습니다. 그가 가진 순수 자산만 한국 돈으로 100조를 훌쩍 넘는다고 하는군요.

그런 그가 유튜브 채널을 만들자 사람들은 열광했습니다. 그는 다른 유튜버들과 다르지 않게 자신의 소소한 일상을 찍어 올렸습니다. 한때 '아이스버킷 챌린지'가 전 세계적으로 유행할 때 그도 이 챌린지를 담은 영상을 올리기도 했습니다. 하지만 빌 게이츠가 올리는 대부분의 영상은 공익적인 내용을 담고 있습니다. 그는 유튜브를 통해 환경 문제, 교육 문제, 생명 존중 등 전 세계가 당면한 여러 문제에 대해 알리고자 애쓰고 있습니다. 자신의 영향력을 활용해 세상을 더욱 살기 좋은 곳으로 만들자는 메시지를 전달하는 것입니다.

그래서일까요? 그는 자신이 올린 동영상에 광고를 하나도 넣지 않았습니다. 유튜브는 동영상에 광고를 추가하면 유튜버가 돈을 벌 수 있는 구조를 가지고 있습니다. 빌 게이츠가 영상을 하나 올리면 조회수가 수백만 회를 웃돌기 때문에 그가 마음만 먹으면 얼마든지 광고 수익을 올릴 수 있습니다. 그런데도 그는 그렇게 하지 않았습니다. 사람들은 그가 혹시 광고 넣는 법을 모르는 게 아니냐는 우스갯소리를 주고받기도 했습니다.

빌 게이츠는 1분에 수백만 원에서 수천만 원까지 벌어들이는 엄청난 능력과 재산을 가진 사람입니다. 그런 그가 '부캐'로 유튜버를 하는 이유는 더 나은 세상을 만드는 데에 도움이 되고 싶다는 선한 마음 때문입니다. 그렇기에 사람들도 이런 그의 마음을 느끼고 그에게 '컴맹 유튜버'라는 귀여운 별명을 붙여준 것 같습니다. 부캐인 '유투버'로 활동하는 빌 게이츠의 모습이 더욱 기대됩니다.

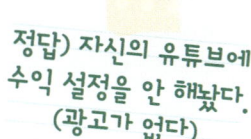
정답) 자신의 유튜브에 수익 설정을 안 해놨다. (광고가 없다)

08.

⭐ 워런 버핏과 잭 웰치 회장의 공통적인 습관은?

세상에는 각 분야의 '신'이라 불리는 사람들이 있습니다. 투자의 신, 워런 버핏과 경영의 신, 잭 웰치 회장이 그런 인물인데요. 이들에게는 공통적인 습관이 하나 있다고 합니다. 각자의 분야에서 신의 경지에 오른 인물들인 만큼, 어마어마하고 대단한 습관을 가졌을 것 같은데요. 두 리더가 가진 뛰어난 경영 능력의 비결로도 꼽히는 이 습관은 무엇일까요?

워런 버핏은 20세기를 대표하는 미국의 사업가이자 투자가입니다. 미국에서 다섯 손가락 안에 꼽히는 갑부이기도 하죠. 잭 웰치는 미국을 대표하는 회사, '제너럴 일렉트릭'의 CEO입니다. 1935년 미국 메사추세츠 주에서 태어난 그는 45세에 최연소로 제너럴 일렉트릭의 CEO 자리에 올랐습니다. 그리고 회사를 세계 최고 기업의 반열에 올려놓았습니다. 두 사람 모두 워낙 탁월한 경영능력을 가지고 있는 탓에 혹시 신이 아닐지 의심하게 되는데요. 이들에게는 한 가지 공통적인 습관이 있다고 합니다. 그것은 바로 '멍 때리기' 습관입니다.

생각지도 못했던 정답에 도리어 여러분이 멍해졌다고요? 전설적인 인물들의 습관이 고작 '멍 때리기'라니 그럴 만도 합니다. 하지만 멍 때리기 효과는 과학적으로도 증명된 사실입니다. 우리의 뇌는 생각을 멈췄을 때도 일부 부위를 활성화시킵니다. 이 부위를 '초기화 망'이라고 부릅니다. 마치 컴퓨터를 껐다 켜면 초기 상태로 돌아가는 것처럼, 우리의 뇌를 초기화시키는 것이죠. 이 부위의 또 다른 기능은 흩어진 정보와 생각들을 정리하고 연결하는 것입니다. 그래서 우리가 멍 때리는 시간 동안 이 부위가 활성화되면 오히려 생각이 정리되거나 창의적인 아이디어가 쏟아지기도 하는 것입니다.

뇌가 우리 몸에서 차지하는 비율은 상당히 작습니다. 뇌의 무게는 우리 몸무게의 3퍼센트 정도에 불과하죠. 하지만 사용하는 에너지는 엄청나게 많습니다. 전체 에너지의 약 20퍼센트가 두뇌 활동에 사용되고 있습니다. 행동하고, 생각하고, 느끼는 것과 같은 인간의 모든 활동이 뇌와 관련되어 있기 때문입니다. 따라서 뇌 건강을 챙기는 것은 무척 중요합니다. 몸 건강만 챙기고 뇌 건강을 무시했다가는 정상적인 생활을 할 수 없게 될지도 모릅니다. 뇌가 쉴 새 없이 일만 한다면, 스트레스가 쌓여 결국 몸 건강의 악화로 이어지게 될 테니까요.

어떻게 하면 뇌가 건강해질 수 있냐고요? 뇌에 휴식을 주는 것입니다. 멍 때리는 행동을 하면서 말이죠! 멍하니 있는 것이 비생산적인 행동이라는 오해는 이제 금물입니다. 만약 누군가 여러분에게 멍 때리지 말라고 말한다면, 이렇게 답해주세요.

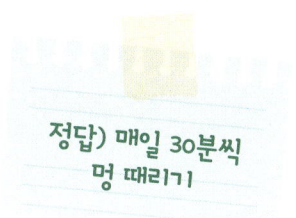

"뇌 건강을 챙기고 있는 중이거든!"

워런 버핏과 잭 웰치의 탁월한 경영능력은 그들이 무언가를 '할 때'가 아니라 '하지 않을 때' 생겨난 것이라는 이야기도 함께 덧붙여주면 더욱 좋겠죠?

★ "엘리베이터가 느리다"는 사람들의 불만을 잠재운 아이디어는?

높은 건물에서 무조건 볼 수 있는 것! 바로 엘리베이터죠. 엘리베이터 없이 여러 층을 오르내린다고 생각하면 아찔한데요. 우리를 높은 곳까지 편안하게 데려다주는 엘리베이터는 1854년, 미국에서 처음으로 등장했다고 합니다. 그런데 당시 사람들은 엘리베이터가 느려도 너무 느리다며 불만을 쏟아냈다고 하는데요. 이 문제를 해결하려고 고심하던 중, 어느 건물 관리인이 기발한 아이디어를 하나 제안했습니다. 이 아이디어 덕분에 승객들은 더 이상 엘리베이터 속도가 느리다며 불평하지 않게 되었다고 합니다. 이 아이디어는 무엇일까요?

대도시에는 고층 건물들이 가득 들어차 있습니다. 고개를 잔뜩 꺾어보아도 끝이 어딘지도 모를 만큼 높은 건물들이죠. 이렇게 하늘 끝에 닿을 듯 높게 지어진 건물을 '마천루'라고 하는데요. 이 단어는 '높은 돛대'에서 비롯된 말입니다. 기껏해야 1~2층의 건물만 짓던 시절에는 돛단배의 돛이 가장 높은 데에 있는 것이었기 때문이죠.

　그런데 아무리 건물을 높게 짓는다 한들 그 건물에 올라갈 수 없다면 말짱 도루묵이겠죠? 엘리베이터가 없다면 우리는 얼마 올라가지 못하고 숨을 몰아쉬며 주저앉아버릴 테니까요. 엘리베이터가 없었다면 마천루를 짓는 건 애초부터 꿈도 꾸지 못했을 것입니다. 그러니 엘리베이터의 발명이 우리 도시의 풍경을 완전히 바꾸어놓은 셈이죠.

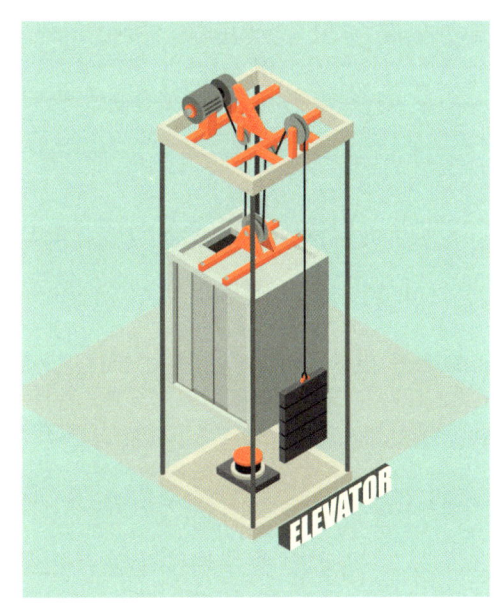

　한 가지 재미있는 사실은 엘리베이터가 최초로 등장했을 때 손님들의 불만이 이만저만이 아니었다는 겁니다. 속도가 너무 느리다는 이유였죠. 사실, 엘리베이터가 거북이처럼 엉금엉금 기어가는 데는 그만

한 이유가 있었습니다. 안전장치 때문이었죠.

엘리샤 오티스

이 안전장치는 미국의 발명가 엘리샤 오티스라는 사람이 만들어냈습니다. 그는 유명한 엘리베이터 회사 '오티스'를 설립한 장본인입니다. 오티스가 안전장치를 만들기 전까지는 줄이 끊어지면 승강기가 그대로 추락해버렸습니다. 사람들을 크게 다치게 할 수 있는 치명적인 결함이었죠. 오티스는 줄이 끊어지면 엘리베이터가 작동을 멈추는 장치를 만들어냈습니다. 사람들의 안전을 지키기 위한 장치를 발명했지만, 오히려 이 장치 때문에 사람들이 엘리베이터를 이용하지 않게 되자, 오티스는 다시 고민에 빠졌습니다. 이때, 오티스의 고민을 알게 된 어느 건물 관리인이 뜻밖의 이야기를 전했습니다.

"내가 사람들을 한번 유심히 관찰해보니 엘리베이터가 느린 게 문제가 아닌 듯하네. 사람들은 그저 엘리베이터가 느릿느릿 올라가는 동안 지루함을 참을 수 없어서 툴툴거리는 거라네."

이 이야기를 들은 오티스의 눈이 반짝였습니다. 실력 좋은 기술자들도 풀 수 없었던 수수께끼가 풀린 기분이었죠. 오티스는 엘리베이터를 타는 사람들이 지루함을 느끼지 않도록 '거울'을 매달았습니다. 엘리베이터에 탄 사람들은 거울을 보며 머리를 매만지고 옷매무새를 가다듬느라 시간 가는 줄 몰랐습니다. 불만은 순식간에 사라졌습니다.

건물 관리인의 관찰력이 아니었다면, 오티스는 엘리베이터의 속도를 빠르게 만드는 것에만 열중했을 것입니다. 사람들의 안전은 다시 뒷전으로 밀렸을지도 모르죠. 우리는 항상 빨리하는 것을 좋아합니다. 음식도 빨리 나오고, 성적도 빨리 오르고, 인터넷도 빨라지는 걸 원하죠.

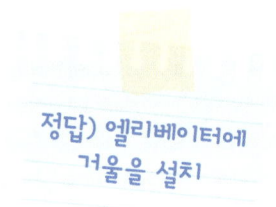

하지만 오티스의 엘리베이터가 그랬던 것처럼, 때로는 빨리 가는 것만이 정답은 아닌 것 같아요. 잠시 멈춰서 사람들의 마음을 찬찬히 들여다보면 어떨까요? 거기에 평소 고민하던 문제의 정답이 숨어 있을지 모릅니다.

02. 기억력을 단기간에 상승시키는 방법은 무엇일까?

영어 단어 시험을 보기 직전, 우리는 눈을 부릅뜨고 단어장을 응시합니다. 단어 하나하나를 머리에 그대로 새겨 넣을 기세로 말이죠. 그런데 막상 하얀색 시험지를 받고 나면, 머릿속이 하얘집니다. 기억나지 않는 단어만 잔뜩 보이기 때문이죠. 답을 듬성듬성 쓴 시험지를 내고 나면 스스로 딱밤을 먹이고 싶어지는데요. 이럴 때, '이렇게' 하면 단기 기억력을 상승시킬 수 있다고 합니다. 이 방법은 무엇일까요?

우리의 기억은 두 가지로 나뉜다는 사실, 혹시 알고 있나요? 기억이 지속되는 시간에 따라 단기기억과 장기기억으로 나뉩니다. 18~30초쯤 기억저장소에 남아 있다가 사라지는 것을 단기기억, 몇 시간부터 몇 년 혹은 죽을 때까지 사라지지 않는 기억을 장기기억이라고 합니다. 예를 들어, 친구의 생일을 듣고 곧바로 핸드폰에 기록하는 것은 단기기억, 친구의 생일이 돌아올 때마다 친구의 얼굴이 떠오르는 것은 장기기억인 것이죠. 같은 원리로, 새로운 영어 단어를 외우고서 곧바로 단어 시험을 보는 것은 단기 기억력에 의해 좌우됩니다.

그런데 이 단기 기억력을 좋게 만드는 방법이 있다고 합니다. 매일 단어 시험에 시달리는 우리에게 정말 희소식이 아닐 수 없는데요. 그 방법은 바로 '뒤로 걷기'입니다. 영국의 어느 대학 연구팀이 실험을 통해 밝혀낸 사실입니다. 실험에 참가한 사람들은 모두 비디오를 하나 보았습니다. 이후 이들은 세 그룹으로 나눠졌습니다. 1번 그룹은 제자리에 서 있기, 2번 그룹은 앞으로 걷기, 3번 그룹은 뒤로 걷기를 해보았습니다. 그러고 난 다음, 참가자들에게 앞서 보았던 비디오 내용을 기억해보게 했습니다. 그 결과, 뒤로 걸었던 3번 그룹이 다른 그룹들에 비해 더 많은 내용을 기억하고 있었습니다. 뒤로 걷기가 비디오 내용을 기억하는 데 영향을 준 것이었죠.

이 놀라운 발견을 실제 상황에서는 어떻게 적용해야 할까요? 단어

시험을 볼 때마다 교실에서 뒤로 걷기를 할 수는 없는 노릇이니까요. 진짜 '꿀팁'은 여기에 있습니다. **실제로 뒤로 걸을 필요 없이 뒤로 걷는 상상을 하는 것만으로도 기억력이 향상된다는 것입니다.** 연구팀에서 추가로 실험해본 결과, 뒤로 걷는 모습을 상상하거나 심지어 기차가 뒤로 가는 비디오를 보기만 해도 더 많은 단어를 기억했다고 합니다. 그러니, 단어 시험이 시작되기 직전에 뒤로 걷거나, 뒤로 걷는 상상을 하거나, 뒤로 가는 무언가를 보기만 해도 평소보다 더 많은 단어를 기억해낼 수 있을 것입니다.

왜 이러한 현상이 나타나는지는 아직 정확히 밝혀지지 않았다고 해

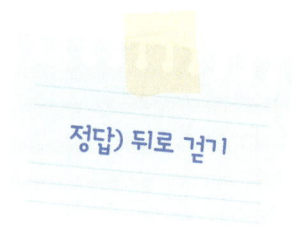

요. 많은 연구자가 이유를 알아내기 위해 노력하고 있다고 하지요. 동영상을 볼 때 뒤로 가기 버튼을 누르면 지나간 장면을 다시 볼 수 있는 것처럼, 어쩌면 우리 뇌에도 되감기 기능이 있는 건지도 모르겠습니다.

03.

세상을 떠들썩하게 만든 연쇄살인범들의 공통점은?

한때 뉴스와 신문에 대서특필되며 세상을 들썩이게 만든 이들이 있었습니다. 사람들은 그들의 잔혹함과 폭력성에 혀를 내둘렀습니다. 그들은 '연쇄살인범'이라고 불립니다. 한 명도 아닌 여러 사람을 죽음으로 내몬 범죄를 저질렀기 때문입니다. 그런데 잔악무도한 범죄를 저지른 연쇄살인범들에게는 한 가지 공통점이 있었다고 합니다. 이들이 공통적으로 저질렀던 이 행동은 무엇일까요?

반려동물을 기르는 사람의 수가 국내에서만 어느덧 천만 명을 넘었다고 합니다. 강아지, 고양이는 물론이고 토끼, 고슴도치, 햄스터, 앵무새, 이구아나까지, 함께 살아가는 동물도 전보다 훨씬 다양해졌습니다. 사람들은 반려동물에게 예쁜 이름을 붙여주고, 가족으로 받아들여 애정과 관심을 쏟습니다. 어쩌다 반려동물이 아프기라도 하는 날에는 걱정되어 잠을 이룰 수 없을 정도입니다. 친구들과 신나게 게임하고 쇼핑하는 것도 마다하고 집으로 돌아와 반려동물을 보살피느라 여념이 없죠.

하지만 귀엽고 사랑스러운 반려동물을 일부러 괴롭히고 때리고 심지어 죽이기까지 하는 사람이 있다면, 믿을 수 있나요? 조그맣고 연약한 존재에게 그런 행동을 한다니, 도무지 상상조차 되지 않지만 슬프게도 실제로 그런 행동을 하는 사람들이 있습니다. 이런 행동을 '동물 학대'라고 부르는데요. 동물을 학대하는 사람들은, 나중에는 사람에게도 동일한 학대나 폭력을 저지를 수 있다고 합니다. 실제로 연쇄살인범들을 조사한 결과, 모두 과거에 동물을 학대한 적이 있었다고 합니다. 집에서 키우던 반려동물은 물론, 길가에 돌아다니는 동물들에게도 잔인한 짓을 서슴없이 저지른 것이죠. 동물 학대가 지속되다가 인간에 대한 폭력으로 이어진 것입니다.

도대체 왜 이런 나쁜 행동을 하는 걸까요? 연약한 존재일수록 보호하고 돌보아주고 싶은 마음이 드는 것이 인지상정인데 말이죠. 동물 학

대와 연쇄 살인을 저지르는 이유는 모두 약한 존재를 마음대로 휘두르고 괴롭히려는 욕망 때문이라고 합니다. 학대당한 동물들이 아파하거나 서서히 죽어가는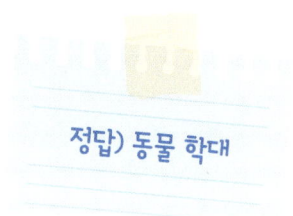
모습을 보며 오히려 즐거움을 느끼는 것입니다. 이런 욕망이 사람에게 향할 때, 흉악한 범죄를 저지르게 되는 것이죠. 그래서 동물을 대하는 태도를 보면 사람을 대하는 태도도 미리 알 수 있다고 합니다.

이런 점 때문에, **외국에서는 동물 학대도 '범죄'로 분류해 강하게 처벌하고 있습니다.** 우리나라에서는 동물을 학대하면 2년 이하의 징역 또는 2천만 원 이하의 벌금형을 받게 됩니다.  하지만 실제로 받는 처벌은 이보다 약한 편입니다. 동물 학대가 인간에 대한 범죄로 이어지는 만큼, 더 엄히 다스려야 한다는 목소리가 점점 더 커지고 있습니다. 우리나라에서도 동물 학대에 대한 강력한 처벌이 이루어졌으면 좋겠습니다. 그렇지 않으면, 동물 학대범의 손끝은 결국 사람을 향하게 될 테니까요.

04.

아프리카 부족이 우울증에 걸린 사람에게 하는 질문은?

아프리카에는 아직 부족 문화가 남아 있습니다. 한국, 미국, 일본처럼 대부분의 지구촌 사람들이 국가에 사는 것과는 조금 다른 모습이죠. 부족은 주로 가족 관계로 이루어진 소규모의 사람들로 구성되어 있는데요. 아프리카 중부에 사는 '오리건 아메리카 부족'은 부족민이 우울증에 걸리면 치료사에게 데려간다고 합니다. 이때 치료사는 우울증에 걸린 사람에게 세 가지를 질문한다고 하는데요. "마지막으로 노래한 것이 언제인가?", "마지막으로 춤춘 것이 언제인가?" 그리고 이 질문을 합니다. 이 질문은 무엇일까요?

우울한 기분을 느껴본 적 있나요? 해가 구름에 가려져 하늘이 온통 회색빛인 날, 내가 좋아하는 친구가 나를 좋아하지 않는다고 느껴진 날, 부모님이 내 마음을 몰라주는 것 같은 날, 우리는 어깨가 축 처지고 아무와도 말하고 싶지 않은 기분이 됩니다. 이런 기분을 가리켜 '우울하다'고 표현하죠.

'우울증'은 우울한 기분이 쉽게 사라지지 않고 오래 지속되는 상태를 말합니다. 먹고 싶은 것도, 하고 싶은 것도 없는 날이 몇 주 동안이나 지속되면 우울증에 걸린 걸지도 모릅니다. 그럴 때는 곧장 병원이나 심리치료사를 찾아가 치료를 받아야 합니다. 곧 괜찮아질 거라고 생각하며 그대로 두었다가는 영영 원래의 마음을 되찾기 어려울지도 모르기 때문입니다.

우울증에 걸린 사람을 치료사에게 데려가는 건 아프리카의 부족들도 마찬가지입니다. '오리건 아메리카 부족'의 사람들은 부족민 중 누군가가 우울증에 걸리면 부족의 치료사에게 데려갑니다. 치료사는 환자의 상태를 살피기 위해 몇 가지 질문을 던지죠.

"당신이 마지막으로 노래한 건 언제인가요?"

"당신이 마지막으로 춤을 춘 건 언제인가요?"

그리고 마지막으로 이렇게 질문한다고 합니다.
"마지막으로 자신의 이야기를 한 건 언제인가요?"

치료사는 우울증에 걸려 찾아온 환자에게 왜 이런 질문을 하는 걸까요? 노래하고 춤출 때 어떤 기분을 느꼈는지 한번 떠올려볼까요? 춤추고 노래할 때는 기분이 즐거워지고 몸에 에너지가 생겨나면서 활기찬 느낌이 듭니다. 이런 기분을 느낀 것이 언제인지 기억나지 않을 만

큼 오래되었다면 우울증에 걸릴 수밖에 없게 되겠죠. 다른 사람들에게 나의 이야기를 하는 건 어떤가요? 내 이야기에 귀 기울여주는 사람이 있다는 것만으로도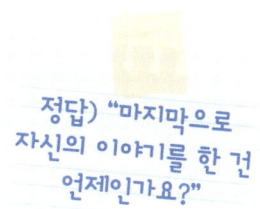
언제 그랬냐는 듯 우울했던 기분이 날아가 버립니다.

춤과 노래, 이야기는 우울한 기분으로부터 벗어날 수 있는 아주 간단한 처방전입니다. 이 외에도 여러분을 즐겁게 만들어줄 행동을 찾아보면 어떨까요? 깔깔 소리 내어 웃는다거나, 맛난 음식을 먹으러 간다거나, 엄마 아빠에게 사랑한다고 말해본다거나 하는 것들 말입니다. 즐거운 일들을 하다 보면 어느새 우리의 마음도 건강을 되찾을 것입니다.

상위 1퍼센트 유명인들의
슬럼프 극복 비결인 '이 습관'은?

세계에서 가장 성공한 사람들이 어느 팟캐스트 쇼에 출연했습니다. 알랭 드 보통, 파울로 코엘료와 같이 이름난 작가부터 아놀드 슈왈제네거와 같은 할리우드 배우도 출연했죠. 이 쇼의 진행자는 3년 동안 200여 명의 유명인을 인터뷰하며, 성공한 사람들의 공통점을 하나 발견했다고 합니다. 어려움이 닥쳤을 때 '이 습관'을 들이면 이겨낼 수 있는 힘이 생긴다는 것인데요. 상위 1% 유명인들이 슬럼프를 극복하는 비법으로 꼽은 이 습관은 무엇일까요?

'팀 페리스'라는 사람이 자신의 이름을 걸고 팟캐스트를 시작했습니다. 팀은 평소에 '성공한 사람들은 무엇이 다를까?'라는 궁금증을 가지고 있었습니다. 그래서 성공한 사람들을 직접 만나 이 질문에 대한 답을 들어보기로 했죠. 그는 이미 베스트셀러 작가로 세상에 이름이 알려진 상태였습니다. 그래서 그의 방송에 엄청난 거물들을 초대할 수 있었습니다. 덕분에 그의 팟캐스트는 5억 회 이상 다운로드 되면서, 어느덧 세계에서 가장 인기 있는 팟캐스트가 되었습니다.

팀은 그의 팟캐스트에 출연한 유명 인사들에게 성공 비결을 물었습니다. 그리고 유명 인사들의 대답에는 한 가지 공통점이 있다는 걸 알게 되었습니다. 그것은 바로 자신이 과거에 무언가 성취했던 경험을 일기나 메모에 기록해두는 것이었습니다. 그 성취가 크든 작든 상관하지 않고 말이죠. 그리고 일이 마음대로 흘러가지 않을  때, 그 기록을 다시 펼쳐 보았다고 합니다. 그러면 슬럼프에 빠져 무기력해진 마음을 툭툭 털 수 있었다고 합니다.

팀은 이 이야기를 듣고 생각해보았습니다. 성취 경험을 메모로 남겨두는 것이 어떻게 그들을 성공으로 이끈 것일지 말이죠. 팀은 이내

답을 알아냈습니다. 정답은 아무리 작더라도 좋은 일이 일어난 것을 감사하는 마음에 있었습니다. 감사하는 습관은 우리를 불안과 두려움으로부터 보호해주기 때문입니다. 또한 감사의 마음을 기록하면 좋은 일, 감사한 일들이 쌓여가는 것을 눈으로 볼 수 있습니다. 사소한 일이라도 감사한 일을 하루하루 적립하다 보면, 어느새 엄청난 성공이 우리를 찾아오게 된다는 걸 팀은 알게 되었습니다.

혹시 여러분도 무언가를 잘 해내고서 금방 잊어버리진 않나요? 이부자리를 스스로 깨끗이 정리한 것을 바로 잊어버리거나, 친구의 고민을 귀 기울여 들어줬다는 사실을 기억하지 못하거나, 딴청 피우지 않고 학교 수업을 집중해 들었던 걸 금세 까먹어버리지는 않았는지 한번 돌

이켜 생각해보세요. 무언가 좋은 결과를 성취해낸 건 잠시의 기쁨으로 느낄 뿐, 기억은 채 일주일도 가지 못할 때가 많답니다.

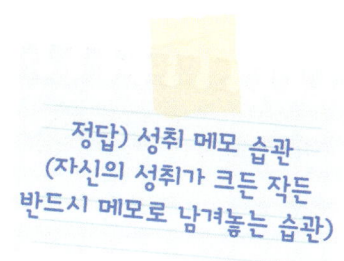

이제부터 어떤 일이든 무언가 성취해낸 경험을 기록해보는 건 어떨까요? 별것 아닌 것 같은 작은 성취라도 꼬박꼬박 적어두다 보면, 언젠가 좌절하고 슬럼프에 빠졌을 때 힘이 되어줄 테니까요. 여러분을 가장 잘 아는 사람은 바로 여러분 '자신'이랍니다. 힘들 때 여러분을 가장 잘 위로해줄 수 있는 사람도 바로 자기 자신이죠. 그러니 아주 사소한 성공이더라도 메모로 꼭 남겨두세요. 언젠가 여러분이 슬럼프에 빠졌을 때 그 누구의 위로보다도 더 크게 다가올 테니까요.

7장.
동물

동물

01.

150년 동안 미스터리로 남아 있던
⭐ 얼룩말 줄무늬의 비밀은?

흰색과 검은색이 반복되는 줄무늬를 가진 얼룩말이 넓고 푸른 초원을 달리는 모습을 보면 누구나 넋을 잃고 바라보게 되는데요. 정작 얼룩말이 그토록 멋진 줄무늬를 가지게 된 이유는 150년 동안 미스터리로 남아 있었다고 합니다. 그런데 최근 미국 캘리포니아 대학의 연구진에 의해 그 비밀이 밝혀졌다고 하는데요. 얼룩말에 줄무늬가 생긴 이유는 무엇일까요?

여름철이면 어김없이 찾아오는 불청객이 있습니다. 어디서 들어왔는지도 모르게 실내 곳곳을 헤집고 다니는 곤충, 파리입니다. 아무리 손사래를 쳐서 쫓아보아도 어느새 다시 다가와 윙윙 소리를 내더니, 별안간 착지해 앞발을 쓱싹쓱싹 비비는 모습을 보고 있자면 얄미운 마음이 들기도 합니다. 그런데 이 파리 중에서도 피를 빨아먹는 '흡혈 파리'가 있다고 합니다. 흡혈 파리는 빨아먹는 피의 양도 상당하고 위험한 질병을 옮기기 때문에 야생동물들에게 매우 위협적인 존재라고 하는데요. 그래서 야생동물들은 긴 털로 이 흡혈 파리의 공격을 막는다고 합니다. 그런데 유독 털이 짧아 흡혈 파리의 공격을 막기 어려운 동물이 있습니다. 바로, 얼룩말입니다. 얼룩말의 털 길이는 흡혈 파리의 주둥이와 같거나 그보다 짧아서 파리의 공격을 막기 어렵다고 합니다. 그래서 얼룩말은 나름대로 보호 수단을 만들어냈는데요. **줄무늬를 더욱 선명하게 만드는 쪽으로 진화한 것입니다.** 그렇다면 흰색, 검은색의 진한 줄무늬가 어떤 원리로 흡혈 파리로부터 얼룩말을 지켜주는 것일까요?

그 비밀은 빛의 반사에 있습니다. 파리는 한 가지 형태로 반사되는 짙은 색을 좋아한다고 합니다. 특히, 얼룩말을 위협하는 흡혈 파리는 어두운 색상을 좋아한다고 하는데요. 이 흡혈 파리가 번식하는 물이나 진흙이 어두운색을 띠고 있기 때문이지요. 그런데 흰색과 어두운 색이 반복되는 줄무늬라면 어떨까요? 이 줄무늬에서 반사되는 빛은 흡혈 파리의 시야를 혼란스럽게 만든다고 합니다. 흰색과 검은색이 번갈아 나타나면 흡혈 파리가 어디에 착지해야 할지 방향감각을 잃고 헷갈리게 되는 것이지요. 결국, 흡혈 파리는 얼룩무늬에 반사되는 빛에 정신을 차리지 못하고 얼룩말의 몸에 제대로 착지하지 못하게 됩니다. 그러니 얼룩무늬는 흡혈 파리로부터 얼룩말이 스스로 보호하기 위해 진화한 결과인 것입니다. 실제로, 이 흡혈 파리가 극성을 부리는 곳에서는 얼룩말의 줄무늬가 더욱 선명하게 나타난다고 하네요.

그동안 얼룩말의 줄무늬는 맹수의 위협을 피하는 위장술이나, 뜨거운 열대지방의 태양열을 줄여주는 목적으로 생겨났을 거라고 추측해

왔습니다. 그렇지만 미국 캘리포니아 대학의 연구팀이 처음으로 실험을 통해 얼룩무늬의 비밀을 밝혀낸 만큼, 얼룩말 무늬의 비밀을 밝혀주는 가장 설득력 있는 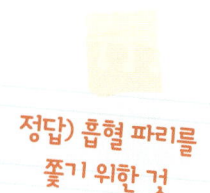 해답이 되었다고 합니다. 멋져 보이기만 했던 얼룩말의 얼룩무늬가 사실은 흡혈 파리를 물리치고 생존하기 위해 발달시킨 보호 수단이었다고 하니 왠지 모르게 얼룩말이 조금 짠하게 느껴지네요.

02.

겨울잠에서 깬 곰이 2박 3일간 울부짖으며 고통스러워하는 이유는?

겨울이 되어 기온이 떨어지면 다람쥐, 너구리와 같은 동물들은 겨울잠에 빠져듭니다. 이듬해 봄이 되어 날이 따뜻해지면 다시 잠에서 깨어나지요. 곰도 겨울잠을 자는 포유류 중 하나입니다. 그런데 겨우내 긴 잠을 자고 깨어난 곰들은 '이것' 때문에 무척 고통스러워한다고 합니다. 2~3일을 울부짖어야 할 정도로 이것은 곰들을 고통스럽게 만든다고 하는데요. 이것은 무엇일까요?

우리나라 역사상 최초의 국가는 고조선입니다. 고조선의 건국과 관련된 단군신화에는 곰과 호랑이가 등장합니다. 하늘에서 내려온 환웅에게 곰과 호랑이가 찾아와 '사람이 되게 해달라'고 간청하자, 환웅은 쑥과 마늘을 주며 '이것만 먹고 100일 동안 동굴 속에서 견디거라'고 말하지요. 호랑이는 참지 못하고 중간에 뛰쳐나갔지만, 곰은 꿋꿋이 견딘 끝에 마침내 사람이 되었습니다. 여자가 된 곰이 환웅과 결혼해 낳은 아들이 바로 고조선을 세운 단군왕검입니다. 건국 신화에도 등장할 만큼 곰은 우리 민족에게 아주 친숙한 동물입니다.

곰은 추운 겨울이 되기 전, 겨울잠을 자기 위한 준비를 시작합니다. 겨울잠을 자는 동안 필요한 에너지를 모으기 위해 평소보다 많이 먹어 체중을 30퍼센트 이상 늘립니다. 겨울이 시작되면, 곰은 따뜻한 동굴에 들어가 몸을 웅크리고 겨울잠에 빠져듭니다. 이때, 어미 곰은 겨울잠에서 깨어나지 않은 상태로 새끼 곰을 낳는다고 합니다. 태어난 새끼 곰은 잠든 어미 품을 파고 들어가 젖을 먹으며, 어미 곰이 깨어날 때까지 홀로 씩씩하게 자라납니다.

그런데 곰은 왜 겨울잠을 자는 것일까요? 곰의 먹이가 겨울에는 구하기 어려운 것들이기 때문입니다. 아주 옛날에 살던 곰들은 고기를 즐겨 먹었지만, 시간이 흐르면서 대부분 나뭇잎, 과일, 도토리와 같은 식물을 먹도록 진화했다고 합니다. 여전히 육식도 조금 하지만 동물의 사체나 애벌레, 곤충 같은 것을 먹는 정도라고 하는군요. 아무리 힘을 써 돌아다녀도 겨우내 부족한 먹이를 구할 길이 없으니, 에너지를 낭비하지 않기 위해 겨울잠을 자게 된 것이죠.

겨울이 몇 달간 이어지고 나면, 비로소 봄이 찾아옵니다. 겨울잠에서 깨어난 곰들은 가장 먼저 '배설'을 한다고 합니다. 마치 사람들이 아침에 일어나면 화장실에 꼭 들르는 것처럼 말이죠. 그런데 이 배설이 생각보다 곰들을 괴롭게 한다는군요. 이유는 바로 '변비' 때문입니다. 겨울잠을 자는 동안 배설을 거의 하지 않다 보니, 변이 딱딱하게 굳어

버린 것입니다. 딱딱한 변을 배설하는 동안 곰들은 어찌나 고통스러운지 2~3일을 내리 울부짖기도 하고 피를 흘리기도 합니다. 변비를 해결하기 위해 산나물을 찾아 먹기도 한다고 합니다.

<mark>포악한 줄만 알았던 곰이 식물을 먹고 산다는 것도 의외이지만, 겨울잠을 자고 일어난 후 '변비'로 고통 받는다는 사실 또한 정말 놀랍습니다.</mark> 이쯤 되니 100일 동안 쑥과 마늘만 먹는 과제를 호랑이는 실패했지만 곰은 성공한 이유를 알 것 같습니다. 곰은 쑥과 마늘과 같은 식

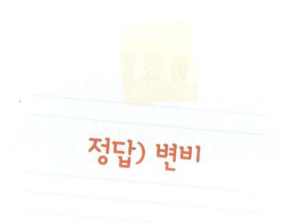

물을 좋아하기 때문에 맛있게 먹을 수 있었던 것입니다. 다행히 100일 동안 겨울잠에 들지 않고 깨어 있었으니, 동굴에서 나왔을 때에 변비로 고생했을 일은 없었겠군요.

03.

스위스 동물보호법에 따르면 바닷가재를 '이렇게' 요리하면 안 된다?

스위스는 세계에서 가장 강력한 동물보호법을 시행하는 나라로 손꼽히고 있습니다. 2018년 3월, 동물보호법을 개정하면서 바닷가재에 대한 두 가지 항목이 추가되었습니다. 첫 번째는 바닷가재를 얼음 위에 올려 수송하지 말라는 것이고, 두 번째는 '이것'인데요. 이것의 내용은 무엇일까요?

그동안 바닷가재나 새우와 같은 갑각류는 뇌가 거의 발달하지 않아 고통을 느끼지 않는 것으로 알려져 왔습니다. 그렇지만 갑각류도 고통을 느낀다는 연구 결과들이 발표되었습니다. 새우의 더듬이에 화학물질을 발라 상처를 내는 실험에서, 새우가 앞발로 상처 부위를 매만지는 행동을 보인 것이었습니다. 소라게가 들어가는 동굴에 전기충격을 가하는 실험을 해보았더니, 소라게가 전기충격을 피해 다른 동굴로 옮기는 행동이 관찰되었습니다. 이러한 실험을 통해 갑각류도 고통을 느낄 수 있다는 주장이 나오게 된 것이지요. 미국에서는 2012년, 여러 분야의 연구자들이 모여 '통증을 느끼는 뇌의 부위가 없는 동물이라고 해서 감정을 느끼지 못한다고 단정할 수 없다'고 선언하기도 했습니다.

동물의 생명 존중을 중시하는 스위스에서도 갑각류에 대한 새로운 주장을 받아들였습니다. 갑각류가 섬세한 신경 체계를 가지고 있어서 고통을 느낀다는 사실을 받아들인 것이지요. 이에 따라, 법으로 바닷가재를 보호하기로 했습니다. 우선, 바닷가재를 얼음물에 넣어 운반하는 것을 금지했습니다. 바닷가재가 원래 살던 자연환경과 같은 조건을 만들어 운반할 때 고통스럽지 않도록 한 것이지요. 또, 살아 있는 상태에서는 끓는 물에 넣어 요리하지 못하도록 했습니다. 대신, 전기로 기절시키거나 뇌를 파괴한 후 삶도록 했습니다. 바닷가재가 살아 있을 때 조금이라도 고통을 덜 느끼도록 하기 위함입니다. 이를 어기는 사람은 벌금형을 받는다고 합니다. 어떤 동물이든 살아 있는 생명은 모두 존중하고 보호하겠다는 스위스 정부의 의지가 엿보이는 결정입니다.

다른 나라는 어떨까요? 그동안 생명을 함부로 대해왔다는 반성의 목소리가 커지면서 법을 개정하는 나라들이 늘고 있다고 합니다. 이탈리아에서는 스위스와 마찬가지로 살아 있는 랍스터를 얼음물에 보관하는 것을 불법이라고 판결했습니다. 독일에서는 물고기도 감각이 있는 동물로 생각해, 이유 없이 죽이거나 고통을 주면 처벌하기로 했습니다.

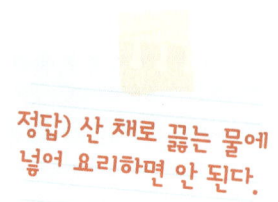
정답) 산 채로 끓는 물에 넣어 요리하면 안 된다.

한국도 다르지 않습니다. 동물보호에 대한 사람들의 관심이 날로 높아지고 있기 때문입니다. 이에 따라, 동물보호법도 점차 강화되고 있습니다. 2021년 2월 개정된 동물보호법에 따르면, 동물을 학대하는 경우 3년 이하의 징역 또는 3천만 원 이하의 벌금형을 받게 됩니다. 키우던 동물을 유기했을 경우에는 300만 원 이하의 벌금형을 받게 됩니다. 법률이 강화된 만큼 우리나라에서도 동물의 권리에 대해 다시 한 번 고민해보는 기회가 마련되었으면 합니다.

04.
하루살이가 하루밖에 못 사는 이유는 무엇일까?

여러분의 삶에 딱 하루가 남아 있다면 무엇을 하며 시간을 보내게 될까요? 어쩌면 무엇을 해야 할지 고민만 하다가 하루가 끝나버릴지도 모르겠습니다. 하루살이과 곤충 '하루살이'는 이런 비극적인 운명에서 벗어날 수 없는데요. 성충이 된 하루살이는 이름처럼 단 하루밖에 살지 못하기 때문입니다. 그런데 하루살이가 오래 살지 못하는 이유가 따로 있다고 하는군요. 그 이유는 무엇일까요?

'하루살이는 정말 딱 하루만 살까?' 한 번쯤 궁금해한 적 있지 않은가요? 이 질문에 대한 정답은 '그렇기도 하고, 아니기도 하다'입니다. 이도 저도 아닌 이 답이 어떻게 정답이라는 걸까요? 이유는 다 자라서 성충이 된 하루살이는 보통 하루만 살 수 있지만, 성충이 되기까지 1~3년 정도 물속에서 애벌레로 지내기 때문입니다. 그러니 하루살이의 생애를 알에서부터 세면 하루살이가 딱 하루만 사는 것은 아닌 셈이 되지요. 하루살이는 알에서 깨어나 애벌레가 되고, 애벌레와 어른벌레 사이의 중간 단계인 아성충 단계를 거쳐 어른벌레, 즉 성충이 됩니다. 성충이 되기까지 총 4단계를 거쳐야 하는 것이지요.

하루살이

이렇게 오랜 시간 어른벌레가 되기 위해 애써온 것이 무색하게, 하루살이는 보통 하루만 살다 죽게 됩니다. 그 이유는 <mark>하루살이가 어른벌레가 되면 입이 없어지기 때문입니다.</mark> 그러다 보니 먹이를 먹을 수 없고 오래 살지 못하게 되는 것이지요. 고작 하루를 사는데 맛난 먹이도 먹지 못한다면 하루살이는 생의 마지막 하루를 무얼 하며 보낼까요? 하루살이는 마지막 하루 동안 이 세상에 유전자를 남기기 위해 짝짓기를 하고 알을 낳다가 생을 마감한다고 합니다. 해 질 무렵, 떼를 지어 나는 수컷 하루살이들 사이로 암컷이 비행하고, 날쌘 수컷이 암컷을 차지해 짝짓기를 합니다. 짝짓기를 마치고 나면 암컷은 물속이나 물 위에 알을 낳습니다. 알은 2주 후에 부화하기 시작하고 또 다른 '마지막 하루'를 준비하며 성장하게 되지요.

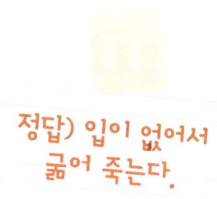
정답) 입이 없어서 굶어 죽는다.

인간의 관점에서는 하루살이의 생이 다소 비극적으로 보이기도 합니다. 어른이 되기만 손꼽아 기다렸는데, 어른이 되자마자 하루밖에 살지 못한다면 너무 억울할 것 같기 때문이지요. 하지만 곤충의 세계에서는 그렇지 않을 수 있습니다. 곤충에게는 이 땅에 자신의 흔적을 남기는 것이 중요한 일이기 때문입니다. 사실, 사람도 크게 다르지 않을 수 있습니다. 우리에게 삶이 딱 하루 남아 있다면, 우리도 이 세상에 우리가 살았다는 사실을 어떻게든 남기려 하지 않을까요? 편지를 쓰거나 SNS에 글을 올리거나 벽에 낙서라도 해서 말이지요. 인간은 하루살이의 삶을 보며 '고작 하루'밖에 살지 못한다고 애처로워할 수 있지만, 하루살이는 그들에게 주어진 하루를 그 누구보다 최선을 다해 살고 있습니다.

05. 소에게 '이렇게' 하면 맹수의 공격을 피할 수 있다?

아프리카에는 자연과 인간, 동식물이 어우러져 사는 풍요로운 생태계가 보존된 곳이 있습니다. 그렇지만 평화로워 보이는 이곳 사람들에게도 큰 고민이 있다고 하는데요. 바로 사자나 표범 같은 맹수가 가축인 소를 공격해 막대한 재산 피해를 입고 있다는 것입니다. 그런데 호주 한 대학의 연구팀이 소에게 '이 조치'를 취해 맹수의 공격을 피할 수 있게 되었다고 하는데요. 이 조치는 무엇일까요?

코로나19로 전 세계가 신음하는 가운데, 바이러스로부터 우리를 보호하기 위해 마스크를 쓰고 다니는 것이 일상이 되었습니다. 코와 입을 가리기 위해 얼굴의 반을 덮는 마스크를 써야 합니다. 그런데 만약 뒤통수에도 마스크를 써야 한다면 어떨까요? 일명 '뒤통수 마스크'는 우스갯소리가 아닙니다. 대표적인 호랑이 서식지인 인도와 방글라데시에 사는 대부분의 사람들은 호랑이의 공격을 막고자 눈, 코, 입이 그려진 얼굴 모양의 뒤통수 마스크를 쓰고 다닌다고 합니다. 이유는, 호랑이나 사자와 같은 맹수는 사냥감과 눈이 마주치면 사냥을 포기하는 습성이 있기 때문입니다. 그러니 뒤통수 마스크를 착용하면 뒤를 돌아보지 않아도 맹수의 공격을 막을 수 있게 되는 것이지요.

이 원리를 이용해 사람들의 재산을 보호한 일도 있었다고 하는데요. 아프리카에서 가축으로 소를 키우는 사람들이 사자의 공격 때문에 막대한 재산 피해를 입고 있었습니다. 부유한 사람들은 울타리를 세워 사자를 막을 수 있었지만, 가난한 농민들은 그마저도 여의치 않았지요. 그때 호주의 한 대학 연구팀에서 한 가지 실험을 하게 됩니다. 사람들이 뒤통수 마스크를 쓰는 것처럼, 소의 엉덩이에 눈을 그려 넣으면 사자가 공격하는지 관찰해보기로 한 것입니다. 실험을 위해 소 2천 마리를 세 그룹으로 나누었습니다. 첫 번째 그룹에는 엉덩이에 눈 그림을 그려넣었습니다. 두 번째 그룹에는 십자 표시를 그려넣고, 나머지 그룹에는 아무런 표시도 하지 않았습니다. 이들을 비슷한 지역에 풀어두고 결과를 살펴보았습니다.

실험 결과는 놀라웠습니다. 엉덩이에 눈 그림을 가진 소 683마리 중 사자의 공격으로 죽은 소는 단 한 마리도 없었습니다. 반면, 십자 표시를 한 소는 543마리 중 4마리가, 아무 그림도 없는 소는 835마리 중 15마리가 사자의 공격을 받아 희생되었습니다. 이 연구를 바탕으로, 아프리카 사람들은 소 엉덩이에 눈을 그려 넣기 시작했습니다. 그 결과, 실제로 소에 대한 사자의 공격이 급격히 줄어들었다고 합니다. 매우 간단한 방법과 적은 비용으로 아프리카 주민들의 가축을 보호할 수 있게

된 것이지요. 하지만 연구는 여기에서 멈추지 않았습니다. 사자가 소 엉덩이의 눈이 가짜라는 것을 알게 되면, 다시 소를 공격해올지도 모르는 일이기 때문입니다. 그래서 사자의 공격으로부터 소중한 가축을 지켜내기 위해 많은 사람이 오래도록 머리를 맞대고 있다고 합니다.

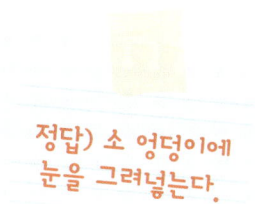
정답) 소 엉덩이에 눈을 그려넣는다.

06.

우리가 몰랐던
부엉이의 신체 비밀은 무엇일까?

일본의 한 방송사에서 여러 지역을 찾아다니며 명물을 소개하는 프로그램을 촬영하고 있었습니다. 홋카이도 지역의 명물인 어느 부엉이를 소개하던 중 **부엉이의 신체 비밀**이 갑자기 공개되었습니다. 생각지도 못한 광경이 눈앞에 펼쳐지자, 지켜보던 사람들은 깜짝 놀랐다고 하는데요. 그동안 우리가 전혀 모르고 있었던 부엉이의 놀라운 신체 비밀은 무엇일까요?

친구가 원래 알던 것과 정반대의 모습을 보일 때, 우리는 깜짝 놀라게 되죠. 조용하고 내성적인 줄만 알았던 친구가 알고 보니 랩을 엄청나게 잘한다거나, 활발하고 시끌시끌한 성격의 친구가 사실 독서를 즐기는 문학소녀라는 걸 알게 될 때가 그렇습니다. 그럴 때 친구가 다시 보이면서 훨씬 매력적으로 느껴지게 됩니다. 이런 걸 '반전 매력'이라고 부릅니다.

동물계에도 이런 반전 매력을 가진 친구가 있답니다. 주로 밤에만 활동하다보니 사람들은 이 친구를 왠지 모르게 두려워하기도 하는데요. 그 주인공은 바로 부엉이입니다. 그런데 부엉이에 대해 잘 아는 사람은 드문 것 같습니다. 밤이 되면 나뭇가지 위에서 두 눈을 부릅뜨고 '부엉 부엉' 운다는 것만 알뿐이죠. 부엉이는 어떤 반전 매력을 가졌을까요?

우리가 잘 몰랐던 만큼, 먼저 부엉이에 대해 알아보는 게 좋겠죠? 부엉이는 올빼미과에 속하는 새입니다. 크기가 작은 것은 20센티미터부터 큰 것은 70센티미터에 달하기도 합니다. 밤에 활동하고 낮에 자기 때문에 사람들의 눈에 쉬이 띄지 않습니다. 올빼미와 생김새가 비슷해 자주 오해

부엉이

를 받곤 하지만 부엉이는 올빼미보다 눈이 더 크고 머리 꼭대기에 귀 모양의 깃을 가지고 있습니다.

부엉이가 가진 진짜 비밀은 이제부터입니다. 겉으로 보기에 부엉이의 다리는 무척 짧아 보입니다. 그런데 부엉이 다리 부분의 깃털을 위로 걷어 올리면 어떻게 될까요? 그 광경을 보고 나면 어떤 사람은 이렇게 소리칠지도 모릅니다.

"이거 정말 실화야?"

왜냐하면 부엉이의 다리가 몸통의 절반 이상을 차지하고 있기 때문

입니다. 한마디로 '롱다리'인 거죠. '숏다리'인 줄만 알았던 부엉이가 사실은 황금 비율을 가진 새였던 것입니다. 쭉 뻗은 다리가 부럽기까지 할 만큼 부엉이의 다리는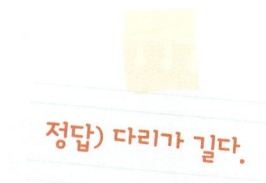
길고 매끈하답니다. 실제로 엑스레이를 찍어보니 다리가 몸의 40퍼센트를 차지하고 있었다고 합니다. 몸통의 대부분이 깃털로 덮여 있다 보니, 부엉이의 정강이를 다리라고 착각했던 것이죠.

게다가 부엉이의 다리는 상당한 근육질입니다. 새 중에서도 부엉이는 다리가 두꺼운 편에 속한다고 합니다. 몸무게가 꽤 나가다보니 몸을 지탱하기 위해 아주 튼튼한 다리가 필요했던 것입니다. 부엉이는 음식 욕심이 많아서 어느 땐 자기 몸보다 큰 동물을 사냥하기도 하는데요. 무거운 몸을 쉴 새 없이 움직이며 때로 큰 먹잇감까지 옮겨야 하니 부엉이에게 근육질의 다리는 필수일 듯합니다.

부엉이에 대해 알고 나니 어떤가요? 부엉이가 가진 반전 매력 덕분에 왠지 모르게 부엉이가 친근하게 느껴지지 않나요? 어쩌면 부엉이는 길고 멋진 다리를 깃털로 수줍게 감추고 있는 겸손한 새일지도 모릅니다. 우리도 부엉이처럼 부지런히 운동해서 튼튼한 다리 근육을 가지면 정말 좋겠네요!

07.

경악! 뿔도마뱀이 위기상황에서 취하는 최후의 생존법은?

생태계는 그야말로 약육강식의 세계입니다. 야생에서 살아가는 동물들은 살아남기 위해 저마다의 비법을 가지고 있습니다. 북아메리카에 사는 뿔도마뱀도 그렇습니다. 그는 **천적을 무찌를 수 있는 몇 가지 비장의 무기**를 가지고 있다고 합니다. 그중 뿔도마뱀이 위기에서 벗어나기 위해 최후로 사용하는 방법은 무엇일까요?

누구도 범접할 수 없는 사자, 호랑이 같은 맹수가 아닌 이상, 대부분의 동물은 천적을 가지고 있습니다. 이러한 천적으로부터 자신을 보호하기 위해 각자의 생존전략을 사용합니다. 영화배우 뺨치는 연기력을 발휘해 죽은 척을 하기도 하고, 복사기에 넣고 복사한 듯 힘센 동물의 외모를 그대로 따라해 천적을 속이기도 하죠. 살아남으려고 애쓰는 동물들의 모습이 정말 애처로울 지경입니다.

북아메리카에 사는 뿔도마뱀은 조금 더 대범한 생존전략을 가지고 있습니다. 뿔도마뱀이라는 이름은 머리와 등에 뾰족한 뿔을 가지고 있어 붙여진 것인데요. 이들은 천적을 만나면 이 뿔을 흔들며 상대를 위협합니다. 마치 이런 말을 하는 것처럼 말이죠.

뿔도마뱀

"나를 집어삼켰다가는 이 뿔이 너의 입 안 곳곳에 상처를 내고 말 테다!"

지레 겁을 먹고 도망치는 천적도 있지만, 어떤 천적들은 콧방귀를 뀝니다. 뿔도마뱀의 위협이 그저 귀엽다는 듯 이렇게 응수하죠.

"흥! 하나도 안 무서워! 네가 그래봤자 내 먹잇감이지!"

자, 이렇게 된 이상 뿔도마뱀은 이제 최후의 수단을 동원해야 합니다. 뿔도마뱀이 가진 비장의 무기는 '피눈물'을 천적에게 뿌리는 것입니다. 뿔도마뱀이 눈에서 핏줄기를 뿜어내면, 이를 본 천적은 혼비백산하여 달아납니다. 먹잇감에 불과하다고 생각했던 녀석이 눈에서 레이저라도 쏘듯 빨간 피를 뿜어내니, 얼마나 무서울까요? 이쯤 되면 여러분 중 누군가는 이런 걱정을 할 수도 있겠군요.

"그럼 뿔도마뱀은 피눈물을 쏘고 난 후 눈을 더 이상 쓸 수 없게 되는 건가요?"

걱정 마세요. 다행히 피눈물을 쏜다고 해서 뿔도마뱀의 눈이 멀어 버리거나 생명에 지장이 생기는 것은 아니니까요. 천적을 만나면 뿔도마뱀의 머리에 혈압이 높아지는데, 이때 눈 근처의 실핏줄이 터지면서 피눈물을 쏘는 것이라고 합니다. 시간이 지나면 실핏줄이 아물기 때문에 뿔도마뱀은 다시 아무 일 없었다는 듯 살 수 있게 됩니다. 오히려 천적이 피눈물을 흘리는 뿔도마뱀을 다시 만날까 무서워 피해 다니지 않을까 싶어요.

세상에 살아 있는 모든 생명은 살아가기 위해 안간힘을 쓰고 있답

니다. 어떤 방법을 쓰든 살기 위해 매일 노력하는 건 모두 비슷한 것 같아요. 우리 인간도 그렇습니다. 잘난 구석은 하나도 없어 보이는 사람도 하루하루를 살아가기 위해 무척 애를 쓰고 있는 중이랍니다. 동물이든 인간이든 살아 있는 모든 존재는 존중 받아 마땅합니다. 여러분도 이 사실을 잊지 말고 자신과 친구, 가족, 이웃 그리고 모든 생명체를 아끼는 마음을 꼭 가졌으면 좋겠습니다.

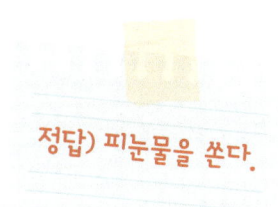

정답) 피눈물을 쏜다.

트렌드

01.

네덜란드에는 사람들이 피하는 버스정류장 의자가 있다! 그 이유는?

네덜란드는 튤립과 풍차의 나라입니다. 네덜란드의 수도 암스테르담은 아름답고 낭만적인 풍경을 자랑하는 곳인데요. 이곳에 위치한 어느 버스정류장에서 한때 특이한 일이 벌어졌다고 합니다. 사람들이 정류장 의자에 앉는 것을 꺼리고, 앉았다가도 금방 일어난 것입니다. 이 버스 정류장에 어떤 비밀이 숨겨져 있기에 사람들이 이런 행동을 한 것일까요?

매년 신체검사를 하는 날이 되면 긴장되는 마음을 감출 수 없습니다. 특히, 몸무게를 재는 시간만큼은 정말 피하고 싶죠. 누구에게도 나의 몸무게를 보여주고 싶지 않기 때문입니다. 검사 날이 점점 다가오면 반짝 다이어트를 해보기도 하지만 역부족입니다. 누가 보기라도 할세라 체중계에 올라서면 식은땀이 뻘뻘 나기도 합니다. 이 시간이 얼른 끝나기만을 마음속으로 빌며 주먹을 꽉 쥐어보죠.

그런데 내 몸무게가 친구들 앞에서뿐만 아니라 만천하에 공개된다면 기분이 어떨까요? 생각만으로도 닭살이 돋을 만큼 끔찍한데요. 심지어 공공장소에서 그런 일이 벌어진다는 건 상상조차 하기 싫죠. 모르는 사람들에게 놀림감이 되고 싶은 사람은 없을 테니까요. 그런데 이런 일이 실제로 일어났다고 합니다. 네덜란드 암스테르담의 어느 버스정류장에서 말이죠.

암스테르담의 어느 버스정류장에는 앉는 순간 그 사람의 몸무게가 측정되는 의자가 설치되어 있었습니다. 측정된 몸무게는 정류장 옆면의 전광판에 큼지막하게 나타났습니다. 의자 뒤편에는 자신의 몸무게가 정상인지 확인할 수 있는 도표도 부착되어 있어, 이곳을 들른 시민들은 '팩트 폭행'을 당할 수밖에 없었다고 합니다.

사실, 이 몸무게를 보여주는 의자는 네덜란드의 어느 운동센터에서 설치한 것이었습니다. 비만을 겪는 사람이 점차 많아지는 걸 보다 못해, 건강과 몸매를 관리하라는 메시지를 전달하려는 목적이었다고 하는데요. 정류장 의자에 앉았다가도 몸무게가 뜨는 전광판을 보고 깜짝 놀라 일어나는 사람이 많았다고 하니, 이 운동센터의 '놀라게 하기' 전략은 나름대로 성공적이었던 것 같습니다.

다행히 이 의자는 광고 기간이 끝나면서 철수했다고 합니다. 여러분들 앞에 이 의자가 놓여 있다면 한번 도전해볼 것 같나요? 아마 너도나도 앉지 않으려고 서로 미루는 웃지 못할 상황이 벌어지지 않을까

싶습니다. 암스테르담 시민들이 얼마나 당황스러웠을지 공감이 가는군요. 아름다운 풍경을 가진 나라 네덜란드에서 일어난 그다지 낭만적이지 못한 해프닝이었습니다.

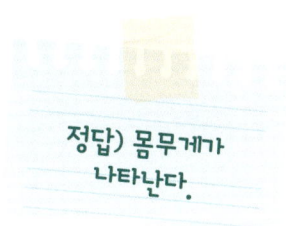

정답) 몸무게가 나타난다.

트렌드

02.

아이폰 탄생의 비밀은 스티브 잡스의 '이것' 공포증 때문이다?

스티브 잡스는 21세기 IT업계에서 '미다스의 손'과 같은 존재였습니다. 그가 만들어내는 휴대폰과 태블릿 PC는 출시 때마다 전 세계적으로 엄청난 인기를 누렸습니다. 그런데 그가 구매자들을 매혹하는 휴대폰 디자인을 만들어낼 수 있었던 건 사실 '이것'에 대한 공포증 때문이라고 합니다. 스티브 잡스는 '무엇'에 대한 공포증을 가지고 있었을까요?

무더위가 기승을 부리는 한여름에는 공포영화가 유행합니다. 으스스한 분위기에서 갑자기 튀어나오는 귀신을 보려고 일부러 극장을 찾아가죠. 등골이 오싹해지고 뒤통수가 서늘해지는 느낌을 즐기기 위해서입니다. 반면, 공포심이 지나쳐 괴로움을 겪는 사람들도 있습니다. '공포증'을 겪는 사람들인데요. 공포증이란, 어떤 대상에 대해 엄청난 두려움과 공포심을 느껴 그것을 피하려는 증상을 보이는 것을 말합니다.

세상에는 생각보다 다양한 종류의 공포증이 있습니다. 빨간 피를 무서워하는 '피 공포증', 뾰족한 바늘이 달린 주사기를 무서워하는 '주사기 공포증', 심지어 귀여운 동물들을 무서워하는 '동물 공포증'도 있습니다. 이런 공포증을 한번 갖게 되면, 공포를 느끼는 대상을 어떻게든

스티브 잡스

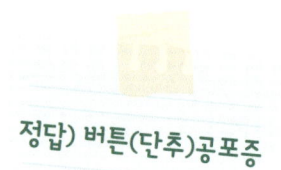

피하려 하기 때문에 때때로 일상생활에서 불편을 경험하기도 합니다.

스티브 잡스도 사실 이런 공포증 환자였습니다. 그는 1955년 미국 캘리포니아에서 태어났습니다. 태어나자마자 어느 기계공 부부에게 입양되었죠. 어릴 때부터 기계 부품이나 전자 제품에 대한 관심이 남달랐던 데다, 양부모가 살던 동네에 전자 회사에 다니는 사람이 많아 잡스의 주변에는 늘 전자 제품이 있었습니다.

잡스는 2011년 56세의 나이에 췌장암으로 세상을 떠나기 직전까지 '애플' 사의 CEO로 열정적으로 일했습니다. 그런 그가 공포증을 가지고 있었다는 사실은 놀랍게 느껴집니다. 게다가 그가 무서워했던 대상이 '단추'라는 사실은 더욱 믿기 어렵습니다. 그는 '단추 공포증'을 가지고 있었습니다. 옷에 달린 단추는 물론이거니와 리모컨의 단추들조차 무서워했습니다. 그래서 단추가 달리지 않은 옷을 입고, 단추 개수가 가장 적은 리모컨만 사용하길 고집했습니다.

그가 왜 단추를 무서워하기 시작했는지는 알려지지 않았습니다. 다만 그가 단추를 보는 것과 만지는 것을 모두 피하고 싶어 했던 것은 확실합니다. 왜냐하면 그가 디자인한 아이폰은 단추, 즉 버튼들이 거의 사라진 형태였기 때문이죠. 그가 가진 공포증이 오히려 전 세계인이 열

광하는 휴대폰 디자인을 만든 계기가 된 것입니다.

 누군가는 스티브 잡스의 단추 공포증을 그의 약점이라고 생각했을지 모릅니다. 하지만 스티브 잡스는 자신의 두려움에 굴복하지 않았습니다. 오히려 그것을 활용해 창의적인 아이디어를 만들어냈죠. 세상이 그를 천재라고 기억하는 이유는 바로 여기에 있습니다. 자신의 한계를 장점으로 탈바꿈시키는 능력 말입니다. 비록 그는 세상을 떠났지만, 우리는 그의 창의성을 기억하고 있습니다. 애플과 아이폰의 끝나지 않는 명성은 스티브 잡스가 남기고 간 가장 큰 유산이 아닐까 싶습니다.

03.

창의적으로 일하는 사람일수록 ☆'이것'을 많이 한다?

남들과 다른 아이디어로 문제를 해결해본 경험이 있나요? 엉뚱하지만 새로운 방법으로 수학 문제를 푼다거나, 어떤 물체를 자신만의 시선으로 그려본다든가 하는 것 말입니다. 만약, 이런 경험을 자주 한다면 여러분은 창의적인 사람임에 틀림없습니다. 세상에 없던 생각과 방법을 새롭게 창조하는 것을 가리켜 '창의적'이라고 말하기 때문입니다. 그런데 미국의 어느 대학 연구팀에 따르면, 창의적으로 일하는 사람들은 '이것'을 많이 한다고 합니다. 이것은 무엇일까요?

한입에 넣으면 '바삭!' 하는 소리를 내며 입 안에서 부서지는 간식, 바로 감자칩인데요. 이 감자칩은 뉴욕의 한 레스토랑 주방장의 손끝에서 아주 우연히 탄생하였습니다. 이 주방장은 평소 성격이 괴팍하기로 유명했다고 합니다. 어느 날, 감자튀김이 너무 두껍고 눅눅하다며 손님이 불평하자 그는 손님을 골탕 먹이기로 했습니다. 감자를 최대한 얇게 자르고 딱딱하게 튀겨서 포크로 집어들 수 없게끔 만든 것이죠. 이 손님도 처음에는 포크를 쓰기 어려워 당황했는데요. 이내 손으로 얇은 감자칩을 집어들고 맛보는 순간, 감자칩의 바삭한 식감에 '브라보!'를 외쳤다고 합니다. 이 얇은 감자칩이 엄청난 인기를 끌기 시작하면서 세상에 널리 알려지게 되었다고 합니다. 말하자면, 감자칩은 어느 손님의 불평불만 때문에 우연히 탄생한 요리였던 거죠.

그런데 불평불만이 새로운 아이디어로 연결되는 건 꼭 우연히 일어나는 일인 것만은 아닙니다. 미국 라이스대학의 연구팀에서 불평불만과 창의적인 아이디어의 연관성을 알아보는 연구를 해보았습니다. 굴착 장비 직원을 대상으로 '얼마나 자기 일에 만족하는지'를 물어본 후 이들의 업무 능력을 확인해본 것입니다. 조사 결과, 불평불만을 많이 하는 사람일수록 더 창조적으로 일한다는 사실이 확인되었습니다. 일하면서 불만을 느끼게 되면, 그 불편한 마음을 해소하기 위해 새로운 해결 방법을 고안하고 시도한다는 것이죠. 불평을 많이 하는 직원들의 마음속에서는 아마도 이런 일이 일어나고 있었던 것 아닐까요?

'왜 모두들 바보 같은 방법으로만 일하려고 하지? 다른 좋은 방법이 있지 않을까?'

'지금 일하는 방식은 너무 따분해. 이렇게 하면 훨씬 더 즐겁게 일할 수 있을 텐데!'

'이 회사의 분위기는 답답하기 짝이 없군. 새로운 활동이 필요하다고 건의해봐야겠어!'

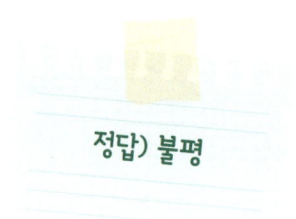

불평을 잘 다루기만 한다면, 창의적인 해결책을 만들어내는 좋은 재료가 될 수 있습니다. 불평을 잘 다루는 방법에는 무엇이 있을까요? 미국의 언론사 뉴욕타임스에서 올바르게 불평하는 방법을 소개했는데요. 그 방법은 '다른 사람을 탓하지 않기, 믿을 만한 사람에게 불평을 털어놓기, 공개적으로 불평하지 않기, 불평으로 문제를 해결하려 하지 말기'였습니다. 하지만 무엇보다 중요한 것은 불평하는 것으로 끝나지 않고 새로운 시작을 만들어낼 방법을 생각해보는 것이겠죠. 불평불만이야말로 창의성의 가장 좋은 재료가 될 테니까요.

04. 행복한 나라로 꼽히는 덴마크에서 부모가 자식에게 절대 묻지 않는 것은?

세상에서 가장 행복한 나라가 있다면, 그곳은 어떤 곳일까요? 학교에 가지 않고 친구들과 매일 뛰어놀아도 되는 곳? 학원도, 숙제도 없이 온종일 게임만 해도 괜찮은 곳? 우리가 상상하는 것만큼은 아닐지라도, '세계에서 가장 행복한 나라'가 실제로 존재한다고 합니다. 바로, 덴마크인데요. 덴마크는 어른과 아이 할 것 없이 모두 자신의 삶에 높은 행복감을 느낀다고 합니다. 이런 행복의 나라 덴마크에서는 부모가 자식에게 절대 묻지 않는 것이 있습니다. 이것은 무엇일까요?

여러분의 꿈은 무엇인가요? 학생하면 곧이어 떠오르는 단어 중 하나가 꿈일 텐데요. 학생들에게 꿈이 무엇인지 물어보면, 대개 미래에 어떤 직업을 가지고 싶은지 대답합니다. 운동선수, 선생님, 의사, 연예인, 유튜브 크리에이터 등 다양한 직업을 이야기하죠. 그래서 우리나라에서는 미래에 갖고 싶은 직업, 즉 장래 희망이 꿈과 같은 의미로 쓰이곤 합니다.

덴마크에서는 학생들에게 장래 희망을 묻지 않는다고 합니다. 특히 부모가 자식에게 장래 희망을 묻는 것은 금기에 가깝다고 하죠. 또, 직업을 선택할 때도 좋고 나쁨을 따지지 않는다고 합니다. 돈을 얼마나 많이 버는지, 세상 사람들이 얼마나 우러러 보는지보다 자신이 좋아하고 잘할 수 있는지를 먼저 따져보죠. 그래서 덴마크 학생들은 어릴 때부터 미리 장래 희망을 정해두지 않습니다. 여러 가지 경험을 하다 보면 흥미를 느끼는 일은 계속해서 변하기 마련이니까요.

그러다 보니 덴마크에서는 대학교도 정말 필요하다고 생각하는 경우에만 입학합니다. 장래 희망을 이루기 위해서가 아니라, 하나의 경험을 쌓기 위해 대학에 진학하는 것이죠. 자연히 학력을 가지고 사람을 판단하는 일도 없습니다. 명문대 입학의 좁은 관문을 통과하려고 '학원 뺑뺑이'를 도는 우리나라 학생들의 모습과는 완전 딴판입니다.

그럼 덴마크 사람들은 무엇을 꿈꾸며 사느냐고요? 덴마크에는 '휘

게(hygge)'라는 단어가 있습니다. 이 단어는 '편안함', '따뜻함', '안락함', '아늑함'을 뜻합니다. 덴마크 사람들이 가장 원하는 것은 돈이나 명성, 학벌이 아닌 가족이나 친구들과 함께 보내는 따뜻하고 소박한 시간입니다. 덴마크가 UN에서 선정한 '가장 행복한 나라' 중 하나로 뽑힌 이유가 바로 여기에 있는 것이죠.

정답) 장래 희망

여러분은 미래에 어떤 어른이 되고 싶나요? 상상해오던 직업을 가졌지만 늘 시간에 쫓기며 꿈과 재미를 모두 잃어버린 삶을 원하나요? 아니면, 자기 일에 자부심을 느끼면서 사랑하는 가족, 친구들과 함께 평화로운 시간을 보내는 삶을 살고 싶나요? 미래를 꿈꾼다는 것은 '좋은 직업'을 가지는 것만을 의미하지 않습니다. 열심히 일하는 것만큼이나 사랑하는 사람들과 시간을 보내는 것 또한 무척 중요하기 때문이죠. 그게 바로 여러분이 꿈꾸는, 행복한 어른이 될 수 있는 법이라는 걸 잊지 말기 바랍니다.

트렌드

05.

'이때' 약을 사면 약값이 평소보다 비싸진다?

감기에 걸리거나 배탈이 나면 우리는 곧장 병원으로 향합니다. 병원 진료를 마치고 나면 '처방전'이라는 종이를 받는데요. 이 처방전을 들고 약국으로 가면 아픈 곳을 낫게 해줄 약을 받을 수 있습니다. 그런데 약국을 갈 때 꼭 알아야 할 주의 사항이 하나 있습니다. '이때' 약국에 가면 약값이 평소보다 비싸진다는 것인데요. 이 사실을 아는 사람이 아직 많지 않아 낭패를 보는 경우가 왕왕 있다고 하는군요. 약국의 약이 비싸지는 이때는 언제일까요?

외국의 속담 중 '일찍 일어나는 새가 벌레를 잡는다'는 말이 있습니다. 일찍 일어나 활동하는 만큼 많은 일을 할 수 있어서 결국 성공하게 된다는 의미인데요. 이 속담은 비단 생활 습관에 관한 것만은 아닌 듯합니다. 약국에 갈 때도 일찍 가야 돈을 아낄 수 있기 때문입니다. 이게 무슨 말이냐고요?

사실, 처방전을 건네주고 약국에서 받아오는 약은 항상 같은 가격이 아니랍니다. 시간대에 따라 가격이 조금 달라집니다. 그래서 똑같은 약을 받더라도 저번에는 만 원으로 살 수 있었는데 이번에는 돈이 부족해지는 불상사가 일어나기도 합니다. 왜 이런 일이 발생하는 걸까요?

우선, 약값이 달라지는 시간부터 알아봐야겠죠. 약값이 비싸지는 시간대는 평일 오후 6시부터 다음 날 오전 9시까지입니다. 토요일은 오후 1시부터 다음 날인 일요일까지 내내 비싼 가격을 유지하죠. 약값이 시간대에 따라 달라지는 이유는, 늦은 저녁이나 휴일에 일하는 약사를 위한 것입니다. 모두 휴식을 취하고 있을 때도 약사는 약이 필요한 환자들을 위해 약국을 열어두어야 하기 때문이죠. 그래서 이런 수고로움에 대해 보상을 주는 것입니다. 학교에 비유하자면, 평일에 교실 청소를 하는 학생에게 선생님이 상점 1점을 주기로 했다면, 주말에 나와 청소하는 학생에게는 상점 3점을 주어야 하는 것과 같은 이치입니다.

그럼 약값은 얼마나 비싸질까요? 약국에서 약을 살 때 지불하는 비

용에는 약 자체의 비용, 약을 조제하는 비용, 약을 어떻게 복용하는지 안내하는 비용 등이 모두 포함되어 있습니다. 약국 약이 비싸지는 시간대에는 약사의 '인건비'에 해당하는 항목들만 30퍼센트 정도 더 비싸진다고 합니다. 여기서 인건비란, 사람의 손을 빌리는 일에 대해 그 사람에게 지불하는 비용을 말합니다. 그러니, 약값이 비싸지더라도 인건비만 조금 더 오를 뿐 전체 약값은 크게 오르지 않습니다.

이러한 제도는 정부에서 정해놓은 규칙입니다. 이 제도가 시행된 지 벌써 20년이 훌쩍 넘었음에도, 아직 이 사실을 모르는 국민이 많다고 합니다. 그래서 갑자기 약이 비싸진 걸 보고 약국에 항의하러 오는 경우도 종종 있다고 하는데요. 불필요한 돈 낭비를 막으려면, 평일 오전 9시부터 6시 사이, 그리고 토요일 오후 1시 전에 약국을 방문하는 것이 좋겠습니다. 하지만 설령 이 시간 안에 가지 못하더라도 약값이 많이 치솟는 것은 아니니 너무 걱정하지 마세요. 늦은 저녁과 휴일에도 쉼 없이 일하는 분들에게 공정하게 지급되는 돈이라고 생각하면 괜찮지 않나요?

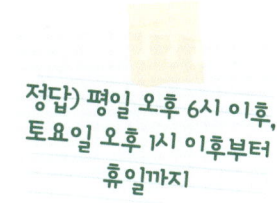

정답) 평일 오후 6시 이후, 토요일 오후 1시 이후부터 휴일까지

06.

교황청에서 공식 승인한, 신부들의 '이 활동'은 무엇일까?

천주교의 최고 지도자는 '교황'입니다. 교황청은 교황을 중심으로 전 세계의 천주교 성직자와 신도를 통솔하는 곳이죠. 교황청에서 몇 해 전, 신부들이 '이 활동'을 하는 것을 공식적으로 허락했습니다. 이 활동을 하려면 특별한 훈련 과정을 거쳐야 하는데요. 현재 전 세계적으로 400여 명의 신부가 이 활동을 하고 있다고 합니다. 과거에 할리우드 영화로 제작되기도 했던 이 활동은 무엇일까요?

트렌드

2014년 8월, 제266대 교황인 '프란치스코 교황'이 서울을 찾았습니다. 천주교 신자들을 비롯한 많은 시민이 교황을 환영하기 위해 몰려들었습니다. 교황이 한국을 방문한 것은 역사상 두 번밖에 없었던 일인 데다, 유럽 태생이 아닌 사람이 교황 자리에 오른 것이 천 삼백여 년 만의 일이었기 때문에 그의 방문은 더욱 특별했습니다.

　프란치스코 교황은 1936년 아르헨티나에서 태어났습니다. 22세에 수도자의 길을 걷기 시작해, 77세에 교황으로 선출되었습니다. 그런 그는 평소 '퇴마'에 큰 관심을 보여왔다고 합니다. 퇴마란, 귀신을 쫓아내는 일을 말합니다. 전 세계적으로 퇴마를 원하는 사람들이 엄청나게 많아진 것을 알게 된 프란치스코 교황은 '국제 엑소시스트(퇴마사) 협회'의 활동을 공식적으로 인정해주었습니다. 귀신으로부터 고통받고 있다고 믿는 사람들을 도와주기 위함

프란치스코 교황

이었죠.

하지만 아무나 퇴마 활동을 하도록 허락한 것은 아닙니다. 퇴마사가 되려는 신부는 우선 교구장의 허락을 받아야 합니다. 교구장은 한 지역 안에 있는 가톨릭교회를 대표하는 리더입니다. 또, **오랜 시간을 들여 훈련을 받아야 하고, 퇴마의식을 할 때는 정해진 순서를 반드시 따라야 합니다.** 무엇보다 중요한 것은 퇴마를 요청하는 사람들의 상태를 먼저 살피는 것입니다. 의학적인 검사부터 받게 해서 퇴마가 아닌 병원 치료가 필요한 건 아닌지 판단합니다. 의학적인 검사에서 아무런 병이 발견되지 않으면 퇴마의식을 진행하게 됩니다.

신부들이 진행하는 퇴마의식은 사실 오래전부터 존재했었습니다. 하지만 한때 퇴마가 마구잡이로 사용되면서 사람들이 위험에 빠지는 일이 생기자, 퇴마의식은 점점 자취를 감췄습니다. 그러다 최근 퇴마술이 되살아나면서 다시금 우려하는 목소리도 커지고 있다고 하는데요. 이 때문에 '국제 엑소시스트 협회'에서도 퇴마의식의 목적을 다시 한 번 강조했습니다. 퇴마술은 어디까지나 고통받는 사람들을 돕기 위해 쓰는 방법이라고 말이죠.

악마나 귀신이 세상에 정말 존재하는지 확인할 길은 없습니다. 과학적으로 설명하기 어려운 일들도 가끔 일어나기 마련입니다. 그렇지

만 경제가 어려워지거나 전염병이 유행하는 등, 세상이 혼란스러워지면 사람들은 비과학적인 것에 더욱 매달리게 됩니다. 그럴 때일수록 한 가지 중요한 사실을 잊어서는 안 됩니다. 과학과 비과학 중 무엇을 선택하든지 사람을 위험에 빠트리고 피해를 주어서는 안 된다는 것 말입니다.

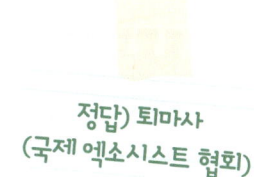

정답) 퇴마사
(국제 엑소시스트 협회)

트렌드

07.

★한번 사면 반드시 읽을 수밖에 없게
만들어진 책이 있다?

새 책에서 나는 냄새는 우리를 설레게 만듭니다. 대형 서점에는 특유의 새 책 냄새가 가득해서 이 냄새를 맡기 위해 일부러 서점을 찾는 사람들도 있다고 하는데요. 책을 새로 산 기쁨도 잠시, 이 책은 얼마 못 가 책장에 꽂혀버리는 신세가 되고 맙니다. 책을 펴들고 끝까지 읽는 '완독'이 생각보다 쉬운 일이 아니기 때문이죠. 아르헨티나의 한 출판사에서는 책이 방치되는 것을 방지하기 위해 독특한 아이디어를 냈습니다. 한번 사면 빨리 읽을 수밖에 없는 책을 만든 것인데요. 하루 만에 초판이 모두 판매될 정도로 큰 인기를 끌었던 이 책이 가진 특이한 점은 무엇일까요?

영화 〈해리포터〉 시리즈에는 마법의 지도가 등장합니다. 이 지도에는 아무것도 적혀 있지 않습니다. 암호를 말해야 비로소 글자들이 드러나는 지도이기 때문입니다. 지도를 다 사용하고 나면 다시 암호를 말해 백지 상태로 되돌릴 수 있습니다. 종이 위에 인쇄된 글자가 일순간 사라지는 이러한 일은 마법 세계에서나 가능한 일 같은데요. 이런 일이 현실에서도 벌어졌다고 합니다. 아르헨티나의 어느 출판사에서 일명 '기다려주지 않는 책'을 출간한 것입니다. 이 책은 얼마간의 시간이 지나면 글자가 영영 사라져서 더 이상 읽을 수 없도록 만들어졌습니다.

이 마법 같은 현상을 가능하게 만든 건 특수 잉크 덕분입니다. 이 특수 잉크는 공기나 햇볕에 노출되면 약 60일 안에 증발하는 성질을 가지고 있습니다. **독자는 책을 펼친 순간부터 두 달이 되기 전에 이 책을 모두 읽어야 합니다.** 그렇지 않으면, 종이 위에 인쇄된 글자들이 모두 사라지게 될 것입니다. 책을 무관심하게 방치해둔 대가로, 책이 우리를

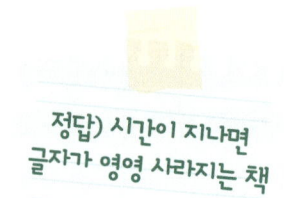

떠나가게 되는 것이죠. 이 신기한 책을 사기 위해 수백 명의 사람이 줄을 서서 기다렸다고 합니다. 포장지에 꽁꽁 싸인 책들이 하루 만에 모두 동날 만큼 인기가 대단했다고 하는데요. 이 책을 사 간 독자들이 과연 두 달 안에 책을 모두 읽었을지 궁금해지는군요.

책을 처음부터 끝까지 다 읽는 것도 좋지만, 더욱 중요한 것은 독서를 즐기는 마음인 듯합니다. 책을 많이 읽고 싶지만, 마음먹은 만큼 책을 가까이하는 것이 어렵게 느껴질 수 있습니다. 그럴 땐 이렇게 해보면 어떨까요? 여러분이 가장 좋아하는 장소에서 책을 읽는 거예요. 침대 위든, 따뜻한 욕조 안이든, 교실 한쪽 구석이든, 조용한 도서관이든 관계없습니다. 그리고 책을 무조건 처음부터 끝까지 읽어야 한다는 부담감을 내려놓는 겁니다. 흥미를 끄는 곳부터 먼저 골라 읽어보는 것도 좋은 방법이겠죠. 그렇게 하다 보면 독서가 절로 즐거워질 거예요.

기다려주지 않는 책이 독자들에게 바란 것도 바로 그런 것이었을 거예요. 책꽂이에 꽂힌 채로 잊히기보다, 시간제한을 두어서라도 관심을 받고 싶은 게 책의 마음일 테니까요. 책이 독자들을 애타게 기다리지 않도록 우리가 먼저 책에게 애정 어린 손길을 내밀어보는 건 어떨까요?

9장.
건강

01.

제2의 흡연이라고 불릴 만큼 ★ 건강에 해로운 '이 행동'은?

담배를 피우는 행동을 '흡연'이라고 하죠. 흡연은 아동과 청소년에게 엄격히 금지되어 있습니다. 건강에 매우 해로운데다, 아직 신체 발달이 완전히 이루어지지 않은 아동, 청소년들에게는 더 심각한 악영향을 미칠 수 있기 때문이죠. 그런데 누구나 할 수 있는 '이 행동'도 제2의 흡연이라 불릴 만큼 건강에 무척 해롭다고 합니다. 여러 질병에 걸릴 위험을 높이고 수명을 단축시키는 이 행동은 무엇일까요?

'의자병'이라는 말을 들어본 적 있나요? 3천 궁녀를 거느린 '의자왕'은 들어봤어도, 의자병은 금시초문이라고요? 의자병이 무엇인지 알고 싶다면, 우선 여러분이 지금 어떤 자세를 하고 있는지부터 점검해봅시다. 혹시 의자에 앉아 책을 읽고 있지 않나요? 이 책이 너무 재미있는 나머지 의자에 오랫동안 앉아 있었던 건 아닌가요? 만약 그렇다면, 지금 당장 책을 들고 일어나세요! 왜냐고요? 여러분의 건강에 적신호가 울리고 있으니까요!

의자병은 오래 앉아 있는 습관 때문에 발생하는 여러 질환을 가리키는 말입니다. 앉아 있는 시간이 길어지면 고혈압, 당뇨병, 심장병, 심지어 암에 걸릴 위험까지 높아집니다. 무시무시한 병에 걸리게 되면 수명이 짧아지는 건 당연한 일이겠죠. 그래서 오래 앉아 있는 것을 가리켜 제2의 흡연이라고 부르기도 합니다. 담배를 피우는 것만큼이나 오래 앉아 있는 행동이 우리의 건강을 크게 위협한다는 의미이죠.

그렇지만 이런 위험을 알게 되더라도 일상생활에서는 거의 앉아서 생활할 수밖에 없습니다. 교실에서 나 홀로 벌떡 일어나 수업을 들었다가는 뒷줄에 앉은 친구들의 원성을 살 수 있으니까요. 그렇다고 의자병에 걸릴 수밖에 없는 우리의 운명을 그대로 받아들일 수는 없는 노릇인데요. 불행 중 다행으로, 아무리 짧은 시간이라도 몸을 조금씩 움직이면 얼마든지 의자병을 예방할 수 있다고 합니다.

　미국 질병 통제 예방센터(CDC)의 연구진은 일이나 공부 때문에 어쩔 수 없이 오래 앉아 있는 사람들에게 이렇게 조언합니다. 5분 동안의 짧은 운동도 건강에 도움이 되니, 무조건 운동을 하라고 말이죠. 5분의 시간조차 허락되지 않는다면, 자리에서 잠시 일어나 기지개를 켜는 것만으로도 도움이 된다고 하는군요. 가만히 서 있기만 해도 앉은 것보다 3배나 많은 칼로리가 소모된다고 하니, 어떻게든 몸을 움직여주는 게 중요한 것 같습니다.

　이제 여러분은 자신의 건강을 지키는 방법을 알게 되었군요. 그러면 잠시 책을 내려놓고 기지개를 한번 펴볼까요? 가능하다면 일어서서 이리저리 걸어보아도 좋겠죠. 친구들과 밖에서 공을 차거나 산책을 하자고 약속해보는 건 어떨까요? 어떤 행동을 하든, 방 안에 틀어박혀 앉아만 있는 것보다 훨씬 더 건강해지는 길이 될 것 같네요.

정답) 오래 앉아 있는 것

02. 급성 뇌졸중 환자 80퍼센트가 공통적으로 지닌 신체적 특징은?

뇌졸중은 뇌혈관이 막히거나 터져서 발생하는 질환입니다. 우리 몸 전체를 관장하는 뇌에서 발생하는 질환인 만큼 무척 치명적인 병인데요. 미국 내과 저널에 따르면, 급성 뇌졸중으로 입원한 환자의 약 80퍼센트가 공통적인 신체 특징을 가지고 있었다고 합니다. '이것'은 곧 뇌졸중이 발생할 거라는 표시가 되기도 하는데요. 이것은 무엇일까요?

건강

몰래 좋아해온 친구에게 좋아하는 마음을 들키면 어떤 감정이 들까요? 아마 부끄러움과 창피함이 앞설 텐데요. 부끄러움과 창피함을 마음속으로만 느끼면 참 좋겠지만 신체에서도 보란 듯이 반응이 일어납니다. 가장 빨리 알아챌 수 있는 변화는 귀가 빨개진다는 것이죠. 귀는 우리 신체에서 심장과 가장 먼 곳에 위치해 있답니다. 심장이 얼마나 세게 쿵쾅댔으면 멀리 있는 귓가까지 피가 전달되는지, 그 당혹스러운 마음이 빨개진 귀에 드러나는 것 같습니다.

그런데 우리의 귀는 이보다 더 중요한 정보를 알려줄 때가 있습니다. 바로 뇌졸중의 전조증상이 귀에 나타나는 것입니다. **귓불에 대각선 모양의 주름이 나타나는 것은 뇌졸중을 알리는 신호입니다.** 뇌졸중으로 입원한 환자들의 80퍼센트 정도는 이 귓불 주름을 가지고 있다고 합니다. 이 주름의 존재를 처음 알아낸 샌더스 프랭크 박사의 이름을 따서 귓불 주름을 '프랭크 사인'이라고 부르기도 하는데요. 프랭크 사인은 뇌졸중뿐만 아니라 심혈관과 관련된 질환을 가진 사람들에게도 나타난다고 합니다. 어쩌다 프랭크 사인이 뇌졸중과 심혈관질환을 예고하는 중요한 표식이 된 걸까요?

그 이유는 귓불에 수많은 모세혈관과 지방이 자리하고 있기 때문입니다. 심장에 문제가 생기면 혈관을 타고 흐르는 혈액량이 줄어들게 됩니다. 그러면 심장에서 멀리 떨어진 귓불까지 충분한 영양분을 공급할

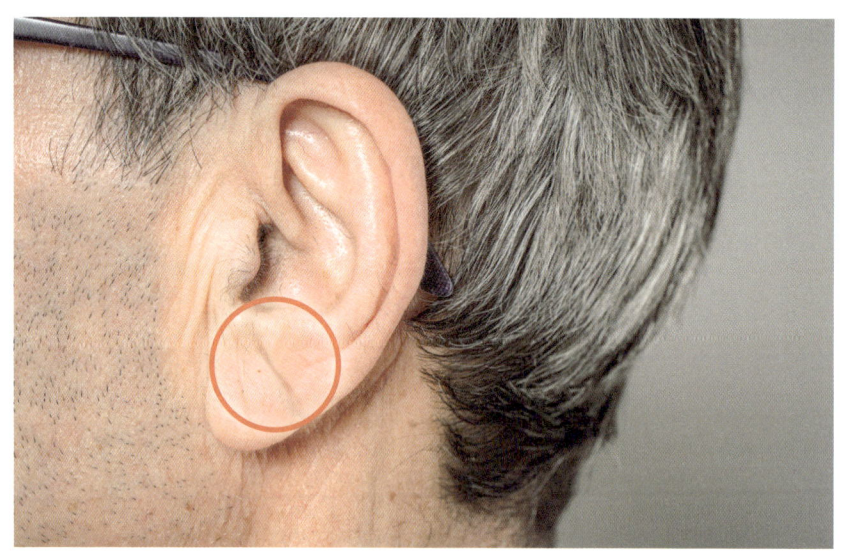

수 없겠죠. 그 결과 귓불에 있는 지방이 빠지면서 귓불에 대각선의 깊은 주름이 생기는 것입니다. 물론 이 귓불 주름은 나이가 들면서 자연스럽게 생겨나기도 합니다. 그렇지만 고혈압이나 당뇨병, 고지혈증 등의 지병을 앓고 있던 사람에게 귓불주름이 생겼다면 미리 검사를 받아보는 것이 바람직하겠죠.

'사후약방문'이라는 고사성어가 있습니다. 사람이 죽은 후에야 약을 짓는다는 말인데요. 일이 다 벌어진 후에 아무리 해결책을 내놓아봐야 소용이 없다는 뜻을 가지고 있습니다. 우리의 건강도 그렇습니다. 질병이 발생하고 난 후에 뒤늦게 치료하는 것보다 예방하는 것이 더욱 중요합니다. 또는 손쓰기 어려운 상황이 되기 전에 병을 미리 발견하는 것도 좋겠죠. 여러분 주변에 있는 소중한 사람들의 건강이 염려된다면, 귓불을 한 번 유심히 관찰해보세요. 우리의 귀는 생각보다 많은 것을 알려주고 있으니까요.

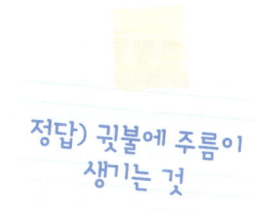
정답) 귓불에 주름이 생기는 것

03.

아무리 높은 계단도 '이렇게' 하면 쉽게 오를 수 있다?

끝없이 펼쳐진 높은 계단은 오르기도 전에 한숨부터 나옵니다. 몇 계단 오르지도 못하고 숨이 차올라 걸음을 멈출 때가 많은데요. 주변에 에스컬레이터나 엘리베이터가 없는지 찾느라 두리번거리게 되기도 하죠. 그런데 계단 오르기가 벅찰 때, '이렇게' 하면 아무리 높은 계단도 쉽게 오를 수 있다고 합니다. 계단 오르기에 도움을 주는 이 행동은 무엇일까요?

무더운 여름날, 친구들과 삼삼오오 모여 학교 괴담을 나눠본 적 있나요? 밤이 되면 학교 내 어딘가에 새로운 계단이 나타난다거나, 귀신이 계단을 오르내리며 '콩, 콩, 콩' 소리를 낸다거나 하는 이야기를 듣다 보면 머리털이 쭈뼛 서고 등골이 오싹한 기분이 듭니다. 유독 학교 괴담에는 계단과 관련된 무서운 이야기가 많이 있습니다. 계단 오르기가 귀신을 만나는 것만큼이나 무섭기 때문일까요? 그도 그럴 것이 학교의 높은 계단을 오르내리다 보면 금세 숨이 차고 힘들어져서 피하고만 싶어지죠. 더구나 지각이라도 한 날에는 교실까지 올라가는 계단이 마치 깎아지른 산처럼 높아만 보입니다.

귀신보다 계단 오르기가 더 무서운 여러분을 위해 손쉬운 꿀팁을 하나 알려드리겠습니다. 크게 힘들이지 않고 훨씬 빠르게 계단을 오를 수 있는 방법이랍니다. 과거에 방송되었던 예능 프로그램, <스펀지>에서 실험을 통해 효과가 증명된 방법이기도 하죠. 자, 지금부터 하나씩 천천히 따라해보세요.

　우선, 손바닥에 힘을 주어 쫙 펴줍니다. 그 다음, 손바닥을 궁둥이에 갖다 댑니다. 궁둥이는 엉덩이의 아랫부분, 즉 앉을 때 바닥에 닿는 부위를 말합니다. 그리고 손바닥으로 궁둥이를 한껏 움켜줍니다. 누가 꼬집기라도 하듯이 아주 힘껏 움켜쥐어야 합니다. 그 상태로 계단을 오릅니다. 이렇게 하면 평소보다 더 편하게 계단을 오르는 자신을 발견하게 될 것입니다.

　궁둥이를 움켜쥐는 것이 어떤 원리로 계단을 빠르게 오를 수 있도록 도와주는 걸까요? 이것은 '무게중심'의 원리에 의한 것입니다. 계단을 오를 때는 우리 신체의 무게중심이 앞쪽, 그러니까 상반신 쪽으로 이동합니다. 이때, 무게중심이 이동하는 방향으로 힘이 더 전달되면, 전보다 더 수월하게 계단을 오를 수 있게 됩니다. 말하자면, 궁둥이를 힘껏 움켜쥐는 힘이 무게중심이 이동하는 방향에 보태지는 셈인 거죠.

　물론 궁둥이를 움켜쥐고 엉거주춤 계단을 오르는 건 모양새가 조금 우스워 보일 수는 있습니다. 화장실이 급한 것으로 오해 받을 수도 있겠죠. 하지만 지각으로 반성문을 쓰거나 벌점을 받는 것보다는 잠깐 우스꽝스러운 모양새가 되는 게 조금 더 낫겠죠? 계단이 유독 높아 보이는 날, 놀림감이 될 것을 무릅쓰고 한번 시도해볼 만한 방법인 것 같네요.

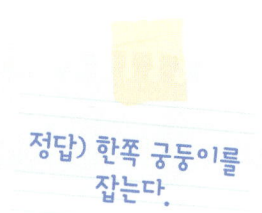

정답) 한쪽 궁둥이를 잡는다.

★ 머리를 감을 때 하는 '이 행동', 알고 보면 아주 위험하다?

아침에 일어나 차가운 물로 하는 샤워는 미처 깨지 못한 잠을 달아나게 해줍니다. 보송보송해진 몸만큼이나 기분도 상쾌해지죠. 저녁에는 따뜻한 물에 샤워를 하며 그날의 스트레스를 모두 날려버립니다. 따뜻한 기운이 피부에 스며들면 금세 노곤해지기도 하는데요. 그런데 샤워할 때 '이 행동'은 절대 금물이라고 합니다. 우리가 흔히 하고 있지만, 알고 보면 건강에 매우 좋지 않다는 이 행동은 무엇일까요?

여러분은 샤워할 때 어떤 순서로 하나요? 친구들과 함께 이야기를 나누어보면 아마 모두 다른 답을 할 거예요. 머리부터 감는 친구, 양치부터 하는 친구, 세수부터 하는 친구, 몸부터 닦는 친구 등 사람마다 나름의 샤워 순서가 있기 때문이죠.

그런데 이런 순서와 상관없이, 샤워할 때 흔히 하는 행동이 있습니다. 바로 다 쓴 샴푸 통에 물을 부어 사용하는 것입니다. 샴푸 통에 조금 남아 있는 샴푸를 그대로 버리기에는 아까운 마음이 들기 때문인데요. 그런데 이 행동은 건강을 위협하는 매우 위험한 행동이라고 하는데요. 왜 그럴까요?

다 쓴 샴푸 통에 물을 넣으면 '녹농균'이라는 세균이 번식하기 쉬운 환경이 됩니다. 이 녹농균은 화장실이나 수영장처럼 따뜻하고 습기가 많은 곳을 좋아합니다. 녹농균은 피부에 닿으면 염증을 일으키고 심한 경우 패혈증을 유발합니다. 패혈증은 세균이 몸속에 침투해 혈액을 타고 흐르면서 온몸에 염증 반응을 일으키는 걸 말하는데요. 평소 별 탈 없이 신체가 건강한 사람은 이 세균에 감염되어도 큰 문제가 없다고 합니다. 하지만 면역력이 약한 아이들이나 노약자는 이 세균에 감염되지 않도록 반드시 주의해야 하죠. 사람의 목숨까지 빼앗아갈 만

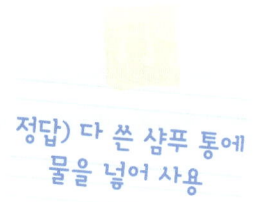
정답) 다 쓴 샴푸 통에 물을 넣어 사용

큰 위험한 세균이기 때문입니다.

그렇다면 다 쓴 샴푸 통을 어떻게 하는 것이 옳은 방법일까요? 일단 다 쓴 샴푸 용기에 물을 타서 오래 두고 사용하는 건 최대한 피해야 합니다. 샴푸뿐만 아니라 주방 세제, 바디 워시처럼 습한 곳에 두고 쓰는 용기는 모두 마찬가지입니다. 녹농균이 번식하기 좋은 환경을 만들지 않아야 하는 것이죠. 리필제품을 용기에 옮겨 담을 때도 마찬가지입니다. 이럴 땐, 우선 용기 내부를 깨끗이 씻은 후, 쨍쨍한 햇볕에 바짝 말리고 나서 리필용액을 옮겨 담아야 합니다.

다 쓴 샴푸 통에 물을 담아 사용하면 환경도 보호하고 물자도 절약하는 방법인 줄만 알았는데, 사실 우리의 건강을 위협하는 행동이라는 놀라운 반전이 있었네요.

05. 폐암 가능성을 예측할 수 있는 가장 간단한 방법은?

폐암은 기침, 호흡곤란, 가래 등의 증상을 보이는 무시무시한 암입니다. 최근 영국의 암 연구소에서는 **손가락만으로 폐암 가능성을 알 수 있는 검사법**을 발표했습니다. '샬로트의 창문 테스트'라고 부르는 검사법인데요. 이 검사법은 폐암 환자의 약 35퍼센트에서 나타나는 '핑거 클루빙' 현상을 활용한 테스트법입니다. 손가락만으로 어떻게 폐암 가능성을 예측할 수 있는 걸까요?

사람의 얼굴만 보아도 몸속 어디가 불편한지 알 수 있을 때가 있죠. 예를 들어 얼굴이 벌겋게 달아오르고 식은땀을 줄줄 흘린다면, 몸속에 열이 오른 상태일 거라고 추측할 수 있습니다. 입술이 파랗게 질린 사람을 본다면, 추위에 떨어 몸속까지 차가워진 상태라는 걸 알아챌 수 있습니다. 겉으로 보이는 신체의 색깔이나 모양 등을 통해 몸속 상태를 짐작해볼 수 있는 방법입니다. '샴로트의 창문 테스트'도 이러한 경우에 해당합니다.

샴로트의 창문 테스트는 양손의 검지 손톱끼리 서로 맞대어 폐암 가능성을 짐작해보는 검사법입니다. 양손의 검지 손톱끼리 서로 맞대었을 때 손톱 사이에 다이아몬드 모양이 생기는지 보는 것이죠. 만약 다이아몬드 모양이 생기지 않고, 손가락의 끄트머리가 양쪽으로 벌어진다면 폐암 가능성을 의심해볼 수 있습니다. 이것은 손가락 끝이 곤봉

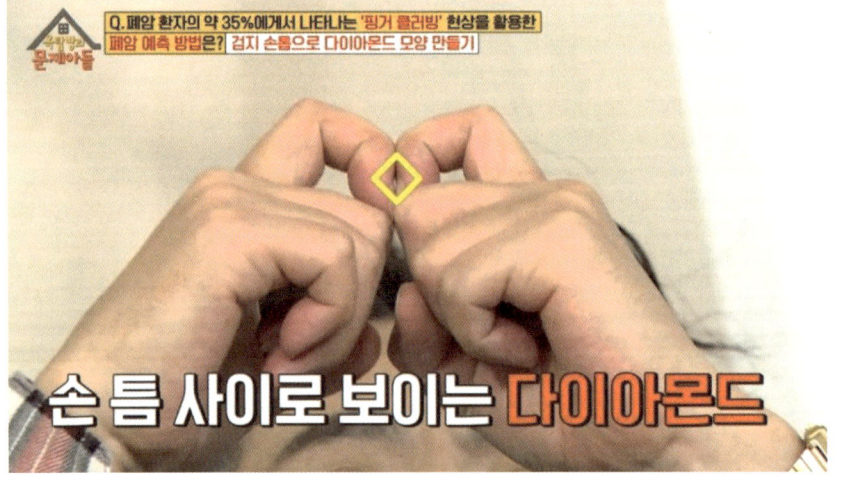

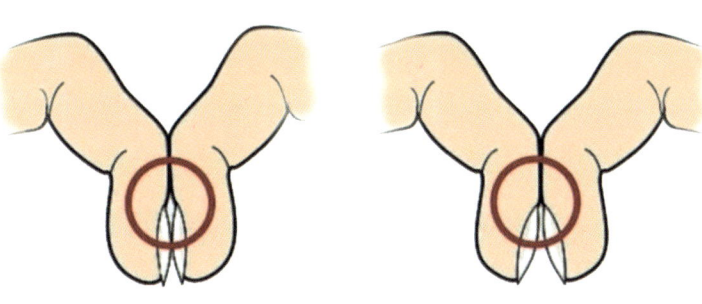

정상 / 의심

모양처럼 뭉툭해진, '핑거 클루빙' 때문에 일어나는 현상입니다.

폐암에 걸린 사람의 손가락 끝이 곤봉 모양처럼 부풀어 오르는 이유는 아직 정확히 밝혀지지 않았습니다. 호흡기나 심장질환 때문이라는 설이 가장 유력하다고 합니다. 호흡기나 심장질환으로 인해 혈액 속에 산소가 줄어들면서, 손가락 끝이 곤봉처럼 부풀어 오른다는 것이죠. 한편, 일부 전문가들은 악성 종양이 손가락에 액체가 쌓이도록 하는 호르몬을 생성하기 때문이라고 말하기도 합니다. 어떤 이유에서든 **'핑거 클루빙' 현상은 예로부터 폐암의 징후로 여겨졌습니다.** 폐암 환자의 35퍼센트 가량이 곤봉 모양의 손가락을 가지고 있다고 합니다.

하지만 손톱끼리 맞대었을 때 다이아몬드 모양이 생기지 않는다고 해서 미리 겁먹을 필요는 없습니다. 이 테스트는 어디까지나 증상을 의

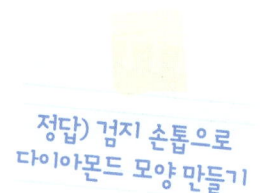
정답) 검지 손톱으로 다이아몬드 모양 만들기

심해볼 수 있을 뿐이니까요. 증상이 의심되거나 걱정이 사라지지 않는다면 정확한 진단을 받기 위해 병원에 가보는 것이 좋겠지만요.

몸속에서 어떤 변화가 일어나고 있을 때, 몸은 그러한 변화를 알아챌 수 있는 힌트를 주고는 합니다. 맨눈으로 몸속까지 속속 들여다볼 수 없기에 그렇게라도 우리에게 알려주는 것 같습니다. 몸의 어딘가가 평소와 달라 보인다면, 몸이 여러분에게 말을 거는 것일 수 있습니다.

06. 코골이를 줄이려면 하루에 '이것'을 10번씩 해라?

"드르렁~ 푸우~"

범접불가의 코골이를 자랑하는 사람과 잠자리를 같이 하는 건 정말 고역이 아닐 수 없습니다. 주먹보다도 작은 크기의 코에서 마치 탱크가 지나가는 듯한 소리가 나는 게 믿기지 않을 정도인데요. 코골이는 깊이 잠드는 것을 방해하는 수면의 적입니다. 코골이를 듣는 다른 사람의 숙면도 방해하지만 코고는 사람의 건강도 해치기 때문입니다. 이런 **코골이를 줄일 수 있는 효과적인 예방법**이 있다고 하는데요. 하루에 '이것'을 10번씩만 하면 된다고 하는군요. 이것은 무엇일까요?

누군가 코 고는 소리가 방 안 가득 울려대면, 아무리 귀를 막고 몸부림쳐보아도 잠들기 어렵습니다. 생각보다 많은 사람이 자신과 타인의 코골이로 인해 고통 받고 있는데요. 그런데 코골이를 그냥 지독한 잠버릇일뿐이라며 이대로 두어도 괜찮은 걸까요? 만약 지금까지 그렇게 생각해왔다면, 다음에 이어질 이야기는 여러분에게 꽤나 충격적으로 다가올 것 같군요.

코골이는 여러 질병의 원인이 될 수 있습니다. 코를 골면 호흡을 하지 않거나 불규칙적으로 하는 '무호흡증'이 발생합니다. 그 결과, 체내에 산소가 부족해지고, 뇌졸중, 당뇨병, 치매 등을 일으킬 수 있습니다. 또, 코골이로 인해 밤중에 숙면을 취하지 못하다 보니 낮에 쉽게 피곤

해집니다. 집중력이 저하되어 학교 수업을 듣는 것도 어려워지겠죠. 미국의 루스벨트 전 대통령은 이러한 이유로 다른 사람과 대화하는 도중에 조는 일도 있었다고 합니다.

코골이는 사회적 문제까지 일으킬 수 있는 심각한 수면 장애입니다. 2000년대 초반, 일본의 고속철도인 '신칸센' 기관사가 운전 도중 졸다가 사고를 일으켰습니다. 원인을 조사해보니, 그가 수면 무호흡증으로 인해 간밤에 깊게 잠들지 못했다는 사실이 밝혀졌죠. 더 심각한 일은 중국에서 일어났습니다. 룸메이트의 엄청난 코골이 소리에 잠을 설쳐서 시험을 망쳐버린 학생이 룸메이트를 살인한 사건이 벌어진 것이죠.

코를 고는 사람과 듣는 사람 모두를 고통스럽게 하는 코골이는 도대체 왜 생겨나는 걸까요? 보통 코골이는 코에서 나는 소리라고 생각하지만 그렇지 않습니다. 코골이는 좁아진 기도 사이로 공기가 지나가면서 주변에 진동을 일으킬 때 발생합니다. 코를 고는 습관은 부모로부터 유전되었을 수도 있고, 살이 찌면서 코골이가 생겨날 수도 있습니다. 또는 비염, 축농증 같이 코와 관련된 질환을 가진 사람에게도 자주 일어납니다.

코골이를 줄일 수 있는 여러 제품이 많이 있습니다. 하지만 그다지 큰 도움이 되지는 못합니다. 대신 탁월한 효과를 볼 수 있는 코골이 예방법이 하나 있는데요. 그것은 바로 '메롱'을 하는 것입니다. 친구를 약 올릴 때나 하는 메롱이 어떻게 코골이를 낫게 하느냐고요? 코골이는 코가 아닌 기도에서 나는 소리라는 사실을 기억할 텐데요. 메롱은 혀를 활용해 기도의 근력을 키워줄 수 있는 운동입니다. 또 입 주변과 혀 근육도 강화시켜주기 때문에 코로 숨을 쉬는 데에 도움이 된다고 합니다.

코골이는 자신과 타인을 위해서라도, 그저 잠버릇이라고 생각하며 웃어넘겨서는 안 됩니다. 만약 가족이나 친구 중 누군가가 심하게 코를 곤다면, 메롱 운동을 꼭 알려주세요. 다른 사람들 앞에서 했다가는 약

올리는 걸로 오해받기 쉬우니, 꼭 혼자 있을 때 하라는 주의 사항도 잊지 말고 알려주어야겠죠!

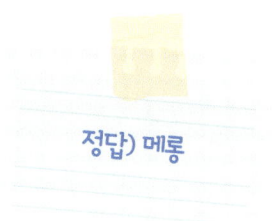

정답) 메롱

운동 효과를 획기적으로 높여주는 똑똑한 걷기 운동법은 무엇일까?

기분이 울적해 보이는 친구에게 우리는 이런 말을 건네곤 합니다.
"밖에 나가서 같이 걷다가 올래?"
걷는 것은 기분 전환에 도움이 될 뿐만 아니라 운동 효과도 있는 '일석이조'의 운동법이기 때문인데요. 그런데 건강을 생각하며 해온 걷기 운동도 잘못하면 오히려 독이 될 수 있다고 합니다. **운동 효과를 톡톡히 볼 수 있는 똑똑한 걷기법**은 따로 있습니다. '이렇게' 걸으라는 것인데요. 다리 근육을 강하게 만들어주는 것은 물론, 뇌의 능력도 활성화하는 이 걷기 방법은 무엇일까요?

역사 속의 이름난 학자들에게는 자기만의 산책길이 있었습니다. 찰스 다윈은 책을 완성하기 위해 시끌시끌한 런던에서 조용한 시골 마을로 이사했습니다. 홀로 산책하는 시간을 마련하기 위해서였죠. 수많은 철학자를 배출한 나라, 독일에는 철학자의 길이라는 곳이 있습니다. 하이델베르크 시의 산 중턱에 위치한 이 길은, 철학자들이 천천히 걸으며 아이디어를 정리한 곳으로 유명하죠. 아마 이들 모두 걷기 운동이 건강과 뇌 활동에 큰 도움이 된다는 사실을 눈치 채고 있었던 것 같습니다.

평범한 우리에게도 걷기 운동은 필수입니다. 그렇지만 그냥 걷기만 한다고 해서 건강이 좋아지는 건 아니라고 하는군요. 걸을 때도 '잘 걷는 방법'이 필요하기 때문이죠. 걷기 운동의 효과를 제대로 보려면, 걸

을 때 자세에 신경 써야 한다고 합니다. 목과 허리를 세우고, 팔을 앞뒤로 가볍게 흔들어주는 것이죠. 몸의 무게중심을 살짝 앞쪽으로 놓고 걸으면 더 좋다고 하는데요. 이 상태로 약간 빠른 속도로 걷는 것이 가장 좋은 걷기 자세라고 합니다.

이러한 자세를 취한 후, 원래 보폭보다 10센티미터 더 넓게 걸으면 똑똑한 걷기법이 완성됩니다. 그런데 왜 보폭을 더 넓게 걷는 것이 중요하다고 하는 걸까요? 보폭을 넓히면 다리가 받는 압력이 늘어나면서

하체 근육이 자연스럽게 단련된다고 합니다. 또, 뇌의 신경이 활성화되어 기억력, 이해력, 사고력과 같은 인지 능력도 향상된다고 하네요. 따라서 걸을 때마다 '보폭을 10센티미터 더 넓게!'라고 마음속으로 외치며 걷는다면, 운동도 되고 머리도 좋아지는 효과를 얻을 수 있겠네요.

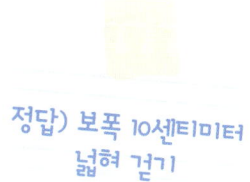
정답) 보폭 10센티미터 넓혀 걷기

　똑똑한 걷기 운동은 우리의 신체를 10년은 어려지게 만들어준다고 합니다. 10년 더 어려졌다가는 아기가 되어버리고 말 텐데 어떻게 하냐고요? 걱정하지 마세요. 많이 걷는다고 해서 진짜로 아기가 되어버리는 건 아니니까요. 대신, 걸을 때 우리 뇌에서 분비되는 '세로토닌'이라는 행복 호르몬 덕분에 아기 때와 같은 행복을 만끽할 수 있을 거예요.

08.

죽음을 앞둔 환자들이 머무는 임종실에는 특별한 것이 준비되어 있다?

몇몇 대형 병원에는 '임종실'이라는 곳이 있습니다. 이곳은 생이 얼마 남지 않은 환자들이 머무는 곳입니다. 하얀 벽지를 바른 일반 병실과 달리, 임종실은 따뜻한 색의 벽지가 발라져 있습니다. 전망이 좋고 햇볕도 잘 드는 곳에 자리해 있죠. 죽음을 앞둔 환자들이 편안하게 임종을 맞을 수 있도록 돕기 위함입니다. 이러한 임종실에는 다른 병실에서는 찾아볼 수 없는 것이 준비되어 있다고 하는데요. 이것은 무엇일까요?

만약 여러분의 삶에 단 하루의 시간이 남아 있다면, 여러분은 무얼 하며 시간을 보내고 싶나요? 사랑하는 가족들과 그동안 못한 이야기를 나누고 싶나요? 미안하다는 말을 전하지 못했던 친구에게 전화를 걸고 싶나요? 치킨과 피자를 배가 터지도록 먹고 싶나요? 놀이공원에 가서 신나게 놀이기구를 타며 모든 걸 다 잊어버리고 싶나요? 어떤 상상을 하든지 삶이 얼마 남지 않았다는 건 생각만으로도 우리를 슬프게 합니다.

여러분이 책을 읽고 있는 지금 이 순간에도, 누군가는 자신에게 다가오는 죽음을 맞이하고 있습니다. 하루, 이틀, 일주일, 한 달, 얼마의 시간이 더 남았는지 모르는 채로 말이죠.

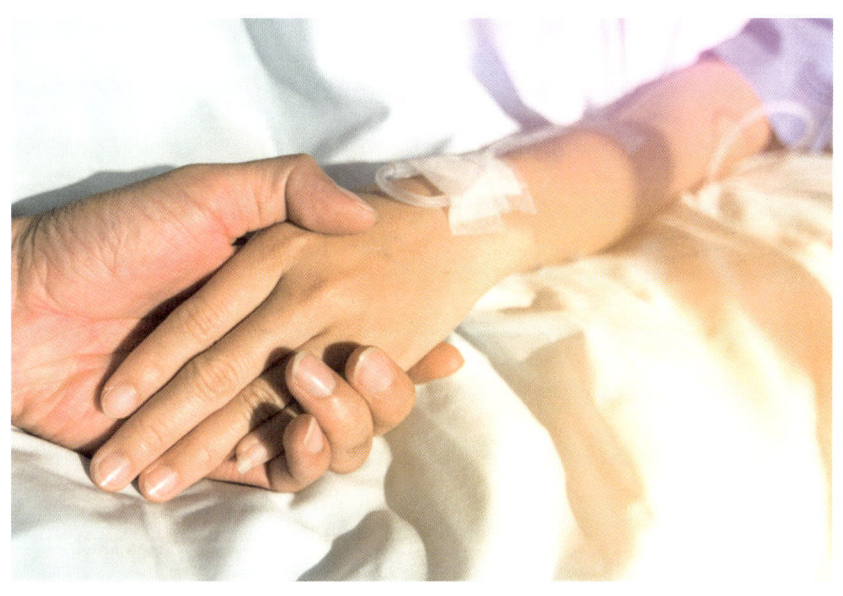

임종실에는 이런 환자를 위해 마련된 특별한 장치가 있습니다. 다른 병실에서는 찾아볼 수 없는 것인데요. 바로 '스피커'입니다. 이 스피커를 통해 환자가 평소 좋아했던 음악을 들려줍니다. 사랑하는 사람과 영원한 이별을 앞두고 있다면 신나는 음악을 듣고 싶지 않을 것 같지만, 임종실에서는 때때로 흥겨운 대중가요도 울려 퍼진다고 해요. 환자가 좋아하는 음악을 들으며 살아 있는 동안 행복감을 느낄 수 있기를 바라는 마음인 것이지요.

환자를 행복하게 만들어주는 것은 아름다운 그림이 될 수도 있고 향기로운 꽃다발이 될 수도 있을 텐데 왜 하필 스피커를 가져다 두는 걸까요? 그 이유는 '청각' 때문입니다. 청각은 사람이 죽기 전 가장 마

지막까지 작동하는 감각입니다. 사망 직전, 의식이 없는 상태에서도 청각은 여전히 살아 있습니다. 그래서 생의 마지막 순간에 세상을 떠나는 사람의 귀에 따뜻한 위로와 사랑의 말을 전하는 것입니다. 같은 이유로 임종실에서 스피커를 통해 환자에게 음악을 들려주는 것이지요.

정답) 스피커

아쉽게도 우리나라의 모든 병원에 임종실이 설치된 것은 아니라고 합니다. 환자와 가족들을 위해 꼭 필요한 장소지만 아직 이러한 곳이 존재한다는 걸 모르는 사람도 적지 않다고 합니다. 최근 점차 많은 병원이 임종실을 만들고 있다고 하니 그나마 다행스러운 일입니다.

그동안 누군가에게 하지 못했던 말, 전하지 못했던 마음이 있나요? 그렇다면 다음으로 미루지 마세요. 살아 있는 동안 충분히 사랑과 감사를 말하고 듣는 것은 그 무엇과도 바꿀 수 없는 소중한 경험이 될 테니까요.

초판 1쇄 발행 2022년 4월 28일
초판 3쇄 발행 2022년 5월 15일

지은이 KBS 〈옥탑방의 문제아들〉 제작팀
펴낸이 김선준

기획·편집 서선행(sun@forestbooks.co.kr)　**편집2팀** 배윤주　**디자인** 엄재선　**일러스트** 박소라 Shoong
본문구성 스토리베리　**마케팅** 권두리, 신동빈　**홍보** 조아란, 이은정, 유채원, 권희, 유준상
경영지원 송현주, 권송이

펴낸곳 ㈜콘텐츠그룹 포레스트　**출판등록** 2021년 4월 16일 제2021-000079호
주소 서울시 영등포구 여의대로 108 파크원타워1 28층
전화 02) 332-5855　**팩스** 070) 4170-4865
홈페이지 www.forestbooks.co.kr

ⓒ KBS
ISBN 979-11-91347-80-7 (73300)

- 책값은 뒤표지에 있습니다.
- 파본은 구입하신 서점에서 교환해드립니다.
- 이 책은 저작권법에 의하여 보호를 받는 저작물이므로 무단 전재와 복제를 금합니다.
- 이 책의 출판권은 KBS미디어㈜를 통해 KBS와 저작권 계약을 맺은 ㈜콘텐츠그룹 포레스트에 있습니다.

- 사진출처 : KBS, Wikipedia, Shutterstock
- 본문에 포함된 사진 및 통계, 인용문 등은 저작권과 출처 확인 과정을 거쳤습니다.
- 저작권자를 찾지 못해 허락을 받지 못한 일부 사진은 저작권자가 확인되는대로 게재 허락을 받고 통상 기준에 따라 사용료를 지불하겠습니다.

㈜콘텐츠그룹 포레스트는 독자 여러분의 책에 관한 아이디어와 원고 투고를 기다리고 있습니다. 책 출간을 원하시는 분은 이메일 writer@forestbooks.co.kr로 간단한 개요와 취지, 연락처 등을 보내주세요. '독자의 꿈이 이뤄지는 숲, 포레스트'에서 작가의 꿈을 이루세요.

- 제조자명 : ㈜콘텐츠그룹 포레스트
- 주소 및 전화번호 : 서울시 영등포구 여의대로 108 파크원타워1 28층 / 02) 332-5855
- 제조연월 : 2022.04.28
- 제조국명 : 대한민국
- 사용연령 : 8세 이상